K컬처,
삶을 말하다

K컬처, 삶을 말하다

K컬처가 알려주는 인생의 성장 노하우

초 판 1쇄 2024년 11월 07일

지은이 김성일
펴낸이 류종렬

펴낸곳 미다스북스
본부장 임종익
편집장 이다경, 김가영
디자인 윤가희, 임인영
책임진행 이예나, 김요섭, 안채원, 김은진, 장민주

등록 2001년 3월 21일 제2001-000040호
주소 서울시 마포구 양화로 133 서교타워 711호
전화 02) 322-7802~3
팩스 02) 6007-1845
블로그 http://blog.naver.com/midasbooks
전자주소 midasbooks@hanmail.net
페이스북 https://www.facebook.com/midasbooks425
인스타그램 https://www.instagram.com/midasbooks

ISBN 979-11-6910-891-1 03100

값 18,000원

미다스북스는 다음세대에게 필요한 지혜와 교양을 생각합니다.

K컬처,
삶을 말하다

K컬처가 알려주는
인생의 성장 노하우

김성일 지음

미다스북스

추천의 글

이 책은 'K컬처'에 관해 얘기하지만, 거기에 머물지 않는다. 우리 삶을 이야기한다. 그러면서도 그 어떤 한류 관련 전문서보다 전문적이다. 한류의 탄생 배경과 성공 요인에 관해 이처럼 명쾌하게 풀어 쓴 책을 아직 보지 못했다. 한류라는 문화 현상이 그야말로 손에 잡히고 눈에 그려진다. 이 책을 읽고 나면 K컬처, 그러니까 한국의 팝, 영화, 드라마, 음식에 관해 두어 시간은 거뜬히 떠들 수 있을 것이다.

나는 세 가지가 이를 가능하게 했다고 판단한다. 그 하나는 저자의 경력이다. 그는 문화 담당 정부 부처에서 30여 년 공직 생활을 했다. 실전에서 배우고 익힌 문화 전문가다. 다른 하나는 저자의 필력이다. 글을 알기 쉽고 간명하게 잘 쓴다. 끝으로, 저자의 진지한 자세다. 이 책에는 'K컬처'를 우리 삶에 빗대어 설명한 대목이 자주 나오는데, 그때마다 나는 짜릿한 전율을 느꼈다. 삶을 대하는 저자의 깊은 사색과 통찰이 짙게 묻어났고, 그에 공감할 수 있었기 때문이다. 그런 점에서 이 책은 잘 쓴 에세이이자 훌륭한 자기계발서이기도 하다.

| 강원국(작가, 『대통령의 글쓰기』 저자)

K컬처, 삶을 말하다 ——— 4

지금 세계가 대한민국을 주목하고 있다. 가까운 일본, 중국은 물론 유럽과 미주, 심지어 네팔과 부탄의 산골에 사는 아이들의 스마트폰에도 K콘텐츠가 흐르고, 우리나라 구석구석 외국인의 발길이 닿지 않는 곳이 없다. 우리 국민의 문화적 저력이 정부의 한류 정책과 어우러져 불과 20여 년 만에 폭발적으로 확산한 자랑스러운 결과다.

저자는 한류 정책의 시작부터 참여하여 성공의 현장까지 지켜본 귀중한 경험을 가진 전문가다. 저자가 오랜 기간 정책을 세우고 집행하며 조마조마하게 결과를 지켜보는 과정에서 깨달았던 소감과 비결을 정리하여 담아낸 소중한 결과물이 한 권의 책으로 묶어졌다.

저자의 지적과 같이 K콘텐츠와 함께 대한민국의 위상은 잠깐의 반짝임이 아니라 오래오래 지속되어야 하며 이는 우리 모두의 숙제다. 솔직함과 진정성을 기반으로 나답게 자신만의 이야기를 써야 성공할 수 있다는 K콘텐츠의 성공 비결을 배워 독자 모두가 행복하게 성공할 수 있기를 기대한다.

| 유진룡(국민대 석좌교수, 전 문화체육관광부 장관)

K컬처는 이제 대한민국의 자부심이 되었다. 하지만 우리는 종종 '언제까지 K컬처가 지속될 것인가'에 대한 불안감과 '국뽕'이라 불리는 자만심 사이에서 방황하기도 한다. 그런데도 'K현상'은 끊임없이 진화하고 있다. 저자는 K컬처의 발전 과정을 "작은 성공의 축적을 통해 성장하는 삶"으로 표현하고 있다.

이 책은 독특한 구조로 되어 있다. 문화의 이야기를 시작으로 개인의 경험을 담아 인생의 노하우를 제시한다. 이것이 이 책의 장점이다. 저자는 K컬처가 단순히 팝, 영화, 드라마를 넘어 삶에 깊은 지혜를 제공하는 생활철학으로 진화하고 있음을 강조한다.

마지막으로 저자는 K컬처의 미래를 위해, "우리 것이 좋은 것이여"라는 배타적인 시각이 아니라 '포용과 다양성'을 바탕으로 주고받는 것이 '지속 가능한 K컬처의 진화'임을 설득력 있게 주장한다. 이 책을 통해 우리는 K컬처를 탐구할 뿐만 아니라 성장하는 삶의 지혜를 만나게 된다.

| 이훈(한양대 국제관광대학원 원장)

김성일 작가의 글은 군더더기가 없다. 핵심을 비껴가지 않고 깔끔하다. 아마 작가의 평소 생각과 행동이 묻어나온 것일 것이다. 이번 책은 K컬처에 대한 책인데, 핵심을 찌르면서도 자신의 생각과 경륜을 '겸손하게' 녹여 넣어 읽는 재미가 쏠쏠하다.

다 읽고 책을 덮으니 'K컬처 해석의 정석' 같은 느낌이 든다. 한국의 대중문화가 어떻게 글로벌에서 성공했는지에 대한 일목요연한 해석이다. K컬처에 대한 훌륭한 안내자로 손색이 없다.

| 유승호(강원대 교수, 『취향의 경제』, 『스타벅스화』 저자)

글을 시작하며

대학에서 'K컬처'를 주제로 강의하고 있다. 20대 Z세대 학생들과 K컬처를 공부하면서 늘 우리 삶과 연결되는 지점을 생각한다. K컬처의 성공 요인을 어떻게 우리 삶의 성장과 성공 노하우로 연결할 수 있을까. 강의하면서 생긴 이 의문이 책을 쓰게 된 이유다.

K컬처는 1990년대 말에 시작된 '한류'가 발전한 문화 현상이다. 우리 자신이 아니라 세계가 우리를 부르는 이름이다. 한국 문화에 대한 세계적인 인기는 동아시아 변방에서 출발해 전 세계 곳곳으로 확산하고 있다. 불과 20여 년 만에 일어난 드라마 같은 일이다.

문화 현상은 하루아침에 이루어지지 않는다. 오랜 문화적 자산과 역량이 축적의 시간을 거쳐 발현한다. 한국의 근현대 역사는 고난과 격동의 드라마 같다. 대한민국은 일제 강점기와 한국 전쟁을 거쳐 산업화와 민주화라는 두 마리 토끼를 잡으며 기적의 성공 스토리를 썼다. 국력의 신장과 경제 성취는 문화적 자신감으로 표출됐다. 한국민 특유의 역동성과 감수성이 K콘텐츠의 창조적 역량으로 꽃을 피운 것이다.

K컬처의 인기와 성공은 여러 가지 요인에서 찾을 수 있다. 우리 역사와 국민의 특성부터 혼란과 위기를 헤쳐온 산업적 측면의 대응 전략까지 다양하다. 문화 현상과 사람의 삶에는 닮은 점이 많다. 한류가 K컬처로 도약하는 과정과 성공 포인트는 우리 삶에도 많은 것을 시사한다. 우리의 삶도 외부 환경에 대응하면서 내적인 역량을 키우고, 이를 통해 하나씩 성장과 성공의 자산을 만들어가기 때문이다. 문화 현상과 우리의 삶은 모두 고정된 명사형보다 움직이는 동사형을 지향한다. 자기만의 독특함과 차별화된 스타일을 유지해야 길고 오래갈 수 있다.

K컬처의 성장 과정은 개인적으로도 특별한 인연이 있어 감회가 새롭다. 문화 담당 정부 부처에서 30여 년 공직 생활을 하면서 현장 가까이에 있었기 때문이다. 그간 문화를 전담하는 독립부처가 출범하고 문화산업과 관광업무가 국가의 새로운 성장산업으로 획기적인 발전을 거듭했다.

20대에 시작한 공무원 생활은 어느덧 과거 경력이 됐다. 내 삶의 여정 또한 K컬처나 문화정책의 변화와 함께했다는 보람과 자부심을 느낀다. 때로 K컬처의 성공에서 내 삶의 성장이 겹쳐 보이는 순간을 경험한다. 많은 한국민이 그렇지 않을까 싶다. K컬처는 바로 우리의 욕망과 일상을 드러내고 표현한 것이기 때문이다. 특히 대한민국의 역동적인 성장 과정을 주도한 중장년층은 남다른 공감과 애착을 느낄 것으로 생각한다.

이 책은 정통 학술서나 전문서는 아니다. K컬처에 관한 지식과 정보를 바탕으로 하는 대중적인 교양서로 읽기를 권한다. 독자가 이해하기 쉽도록 최대한 내용과 표현을 다듬고 정리했다. K컬처의 의미와 성공 노하우와 함께 한편으로 개인의 성장 이야기를 연결해 흥미와 재미를 돕고자 했다. 작가의 개인 이야기를 포함하는 데 고민이 있었지만, 독자 관점에서 한 개인의 성장 스토리로 이해해 주기를 바란다.

책의 주요 내용은 실제 대학의 강의와 브런치스토리 연재를 통해 계속 수정 보완의 과정을 거쳤다. 학생과 독자의 반응을 고려하고 피드백 과정을 거치면서 가능하면 쉽고 친근하게 정리하려 노력했다. 여전히 기대에 미치지 못한 부분은 앞으로의 과제로 남겨두고자 한다.

　세계를 사로잡은 K컬처 덕분에 한국민으로서 가슴이 벅찬 순간이 많다. K컬처 현상을 접하면서 멀리서 반짝이는 스타들에게 환호하는 것도 기분 좋은 일이다. 동시에 지금, 내 삶에 어떤 도움이 될지를 함께 고민하는 시간이 되면 더할 나위 없겠다. 이 책이 오늘도 한 걸음씩 성장하는 독자들에게 조금이나마 도움 되기를 바라는 마음 간절하다. 자신만의 성공 스토리를 만들어가는 모든 사람에게 응원을 보낸다.

2024년 가을

김성일

목차

3장 K컬처, 기초와 확산까지

4장 K컬처에서 배우는 성장 노하우

5장 세계의 문화 현상

1장

K컬처에서 배우는 인생

1.

문화 성장은
개인의 성장을 이끈다

K컬처가 글로벌 현상으로 떠올랐다. 날마다 새로운 소식이 올라오고 이야깃거리가 넘친다. 숨 가쁘게 돌아갈 정도라 불과 1년 전의 통계나 뉴스를 인용하더라도 금세 철 지난 내용이 되기 쉽다.

다양한 장르와 분야, 수많은 작품과 스타들이 활약하는 K컬처 소식을 접하면서 2가지를 떠올린다.
1. K컬처의 핵심은 무엇이고 세계적으로 성공한 요인은 무엇일까.
2. 보고 즐기는 데서 나아가 내 삶에 적용할 만한 점은 무엇일까.

특히 중요한 건 두 번째 질문이다. 잘나가는 K컬처가 과연 나하고는 어떤 관계가 있을까. 단순히 보고 즐기는 걸 넘어 내 삶의 성장과 성공에 도움이 될 만한 점은 무엇일까. K컬처를 일상적으로 접하면서 느끼는 생각을 지금부터 하나씩 풀어보고자 한다.

K컬처의 탄생 – 한류에서 K컬처로

한류에서 K컬처로

한류의 출발은 대개 1990년대 후반으로 본다. 기록을 세운 작품과 스타를 보면 공교롭게 시기가 비슷하다. 대중문화의 3대 장르가 주도했다. 드라마의 〈사랑이 뭐길래〉(1997), K팝의 H.O.T.(1998), 그리고 영화 〈쉬리〉(1999). 임팩트와 파괴력은 K팝이 앞서고, 지속성과 저변의 힘은 드라마와 영화가 뒷받침한다. 지금까지 한류와 K컬처를 이끌어온 대표적인 분야가 바로 이들이다.

K컬처는 2020년 전후에 세계의 관심과 공인을 받으며, 주류 무대의 정점에 올랐다. 영화 〈기생충〉이 칸과 오스카를 동시에 석권

하고, BTS의 〈Dynamite〉가 사상 처음으로 빌보드 메인 차트인 핫100 1위에 올랐다. 이어서 〈오징어 게임〉이 세계 최고 권위의 에미상을 휩쓸면서 'K컬처 트라이앵글'을 완성하게 된다.

한류는 '변방의 북소리'처럼 문화판의 주류 바깥에서 하나의 가능성으로 미미하게 시작했다. 2010년대를 거치면서 점차 주류 내부의 한 경향으로 부상하고, 2018년 이후에는 'K컬처'라는 이름의 글로벌 문화 현상으로 떠오른다. K라는 브랜드 또한 이와 맥락을 같이한다. 2000년대 초에 형성되어 2020년 이후 사회 전 분야로 확산하는 'K담론'으로 확고히 자리 잡는다.

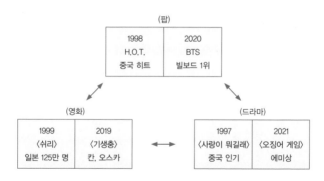

대중문화의 3대 장르와 K컬처

문화 현상과 개인의 성장

인류 역사를 보면 문명과 국가의 흥망성쇠는 자연스럽다. 절대 강자나 영원한 제국도 없고, 권력과 패권은 시대에 따라 순환한다. 역사의 패러다임 이동과 함께 문화 현상도 지역적 · 세계적으로 다양한 발자취를 남긴다. 우리의 삶 또한 숱한 일들이 뒤섞여 저마다의 무늬를 만들어간다.

인류의 긴 역사에 비해 한류와 K컬처의 역사는 불과 20여 년에 불과하다. 얼마나 지속할지는 누구도 알 수 없다. 하지만 K컬처는 여느 문명이나 국가와는 다른 독특한 매력과 특성을 보인다. 짧은 시기에 산업화와 민주화를 동시에 달성한 압축성장의 모델 국가인 한국은 역동적이고 혁신적인 문화를 선보였다. 지역성과 세계성을 함축한 새로운 시도로 지구촌의 이목을 사로잡은 것이다.

K컬처의 성장을 바라보는 한국인의 가슴은 때로 벅차오른다. 문화 역량과 국가 위상이 높아지는 걸 보며 긍지와 자부심을 느낀다. K컬처는 그냥 기분만 좋은 걸까. 이런 문화 현상, 사회현상이 나라는 한 개인의 성장과 발전에도 도움이 되면 좋겠다는 생각을 자주 한다.

인생의 역사

문화의 변천을 보면 개인의 성장 과정과도 유사하다고 느낀다. 연약한 존재로 태어나 걸음마를 배우면서 하나씩 세상을 배워가는 게 인간이다. 성인이 되면서 부모에게서 독립하고 자기만의 세상을 만들어간다. 이런 과정에서 숱한 방황과 좌절, 시행착오를 겪게 마련이다. 고난 끝에 진정한 자신을 발견하고 주위의 인정을 받은 사람은 행복하다. 변방에서 중심으로, 추종자에서 선도자로 위치가 바뀌면서 인생의 주인공이 되는 것이니까.

개인적인 얘기로 돌아와 본다. 4km를 걸어야 학교에 갈 수 있는 남도의 한 산골에서 태어난 나는 살면서 이동이 잦았다. 군 단위에서 광역시와 특별시까지 진출하고, 해외에서 연수도 했다. 로컬에서 내셔널을 거쳐 글로벌까지 세상을 맛본 셈이다. 나만 특별하지는 않을 것이다. 한국인만큼 급변하는 현대사를 살아온 민족은 없을 테니까. 지역과 공간, 시대와 상황을 가장 압축적으로 살아온 게 바로 한국인 아닌가. 그게 바로 K컬처의 정수가 된 것은 당연한 일이다.

낯을 많이 가리고 내성적인 나는 성장이 더딘 아이였다. 그런 내가 서울로, 해외로 오가면서 몸도, 마음도 크기 시작했다. 여전히 부족하고 서투른 구석이 많지만, 그래도 지금은 주위를 돌아보며 살고 있으니 그나마 위안으로 삼는다. 사람들은 예순은 되어야 철이 든다고 말한다. 돌이켜보면 나의 성장 또한 인생의 시간을 통틀어 차근차근 진행됐던 것 같다. K컬처 같은 문화 현상처럼 현재의 나 또한 축적의 시간이 만들어낸 선물이 아닐까 싶다.

K컬처로 나답게 살기

K컬처의 인기 요인, 성공 요인은 무엇일까. 또한 진짜 나, 주체적인 나를 키운 건 무엇이었을까. 서로 닮은꼴이 많은 것 같다. 이제 그런 부분을 하나씩 살펴보고자 한다. K컬처의 강점, 세계를 매료시킨 지점과 그 매력의 근원을 찾아보고, 동시에 우리의 인생을 찬찬히 돌아보는 것이다.

K컬처를 단지 즐기는 데서 나아가 나의 일상과 삶의 활력소를 만들어가는 것이 최종 목표다. 이는 바로 K컬처와 내 인생의 성장이 다르지 않다는 것을 확인하는 작업이다. 이를 위해서 K컬처를 대하는 모습을 3단계로 나누고, 이에 맞춰 우리 인생에 적용하기

위한 구체적인 방법론을 구상해 본다. 바로 인생의 성장과 성공 노하우다.

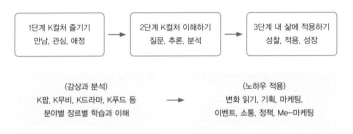

K컬처에서 배우는 인생

K컬처를 접하고 즐기는 1단계, 좀 더 깊이 있게 그 의미를 탐색하는 2단계, 그리고 K컬처의 강점을 내 인생의 성장에 적용하는 것이 3단계다. 1, 2단계에서는 분야별, 장르별로 K컬처를 이해하는 다양한 접근과 분석을 시도해 본다. 이를 통해 3단계에서는 우리들의 성장에 도움이 될 만한 실행 방안을 여러모로 모색한다. 삶과 일의 방향을 결정하는 궁극의 기획, 자유롭고 풍부한 인생을 위한 나만의 콘텐츠 개발, 다채로운 색깔과 방법론을 만들어내는 마케팅과 소통 등. 이는 바로 '나답게 사는 방법'을 찾아나가는 것과 같다.

지속 가능한 K컬처와 인생

K컬처의 발전상을 우리 자신의 인생에 체화하고 내면화하는 작업은 K컬처의 지속가능성을 담보하는 길이 될 수 있다. K컬처는 한국인의 정체성과 지향점을 반영한 것이고, K컬처와 한국인은 떼려야 뗄 수 없는 관계에 있기 때문이다.

이런 면에서 K컬처는 단순히 즐기는 대상이 아니라 내 인생의 믿을 만한 친구이자 동지가 된다. 또한 유능한 멘토나 조언자로 활용하면서 성공의 노하우로 삼을 수 있다. 바로 'K컬처와 삶'이 서로 의미 있게 만나고, 또 함께 가야 하는 이유다.

2.

격동의 역사와 K컬처,
너의 욕망을 양보하지 말라

욕망이란 무엇인가

욕망이 넘친다. 눈만 뜨면 욕망을 자극하는 것들이 주변에 넘쳐 난다. 어쩌면 자연스러운 현상이다. 스피노자는 '인간은 욕망하는 존재'라고 하고, 욕망의 철학자 라캉은 '너의 욕망을 양보하지 말'라고 말했다. 욕망은 삶의 근원이고 에너지이며 우리 사회를 만드는 궁극적인 힘이다. 인류 역사를 이끌어온 원동력이라고 할 수 있다. 욕망이 사라지면 인간은 삶의 의욕과 희망도 잃게 된다. 국가와 문명의 성쇠 또한 마찬가지다.

우리 삶의 원동력 3단계

욕망을 대하는 방법

욕망이 넘치는 자본주의 시대에 욕망을 어떻게 대해야 할까. 외면하고 억누르는 게 좋은 건 아니다. 자기 삶에 정직해지려면 욕망을 대면할 필요가 있다. 주의 깊게 자신의 욕망을 들여다보고, 어떤 욕망인지 구분할 수 있어야 한다. 생산적이고 창조적인 욕망이냐, 소모적이고 파괴적인 욕망이냐를 가리는 것이다. 나와 사회를 이롭게 하는지, 해롭게 하는지 살펴야 한다.

결론적으로 욕망을 직시하되, 적당한 거리 두기와 균형감각이 필요하다. 나 자신과 세상을 한 발짝 떨어져 볼 수 있는 절제의 마음을 유지할 수 있다면 좋다. 사실 욕망은 날마다 새로운 나를 꿈꾸게 한다. 일상에서 조금은 새롭고 다른 나, 가끔은 재미있고 엉뚱한 나를 그려본다. 일상과 삶을 풍부하게 하는 뭔가를 꿈꾸는

일은 즐거움과 활력을 준다. 이럴 때 욕망은 아주 중요하다. 나의
욕망을 쉽게 양보하지 못하는 이유다.

K컬처는 욕망의 표출

문화야말로 욕망의 사회적 표현이라고 할 수 있다. 프랑스의 인
류학자 르네 지라르는 문화의 기원을 인간의 '모방적 욕망'에서 찾
았다. K컬처 또한 욕망이 만나고 교차하는 공간이다. 한국적인 것
이 세계적인 것과 만나 공감과 호응을 얻은 것이 바로 K컬처, K콘
텐츠다. K의 취향과 스타일이 세계의 욕망과 만나 성공적인 소통
을 이룬 결과라고 할 수 있다.

K컬처는 한국과 세계의 욕망을 매개한다

고난과 격동의 한국 현대사

한류에서 K컬처로, 동아시아라는 변방에서 글로벌 무대로 부상하기까지 불과 20여 년이 걸렸다. 하지만 문화 현상이란 특정 시대와 상황만 표현하는 게 아니다. 한 나라가 축적한 오랜 역사와 전통, 그 나라 사람이 경험한 감성과 의식이 총체적으로 반영되는 것이다. 또한 시대를 넘어서 면면히 이어지고 발현되는 속성을 가진다. 끊어진 듯 단속적인 것처럼 보이지만, 연속적인 흐름과 맥락 속에서 연결된다는 의미다.

지난 100여 년, 한국의 현대사는 격동과 변화의 연속이었다. 일제 강점기와 한국 전쟁이라는 고난의 시기를 거쳐, 아프리카 가나 수준의 최빈국에서 선진국 대열에 진입하는 유례없는 기적을 이뤄냈다. 분단과 이념 대결, 장기 독재 속에서도 산업화와 민주화를 동시 달성함으로써 역사상 보기 힘든 성공 모델을 만들어낸 것이다. 세계 어느 나라에서도 찾아볼 수 없는 독특한 사례다.

일제 강점기 한국전쟁	1970년대	1980년대	1990년대
	산업화와 경제개발 추진	고도성장기 1987 민주화	세계화와 IMF 김대중 정부
1960년대			
최빈국 – 아프리카 수준	분단과 이념 대결 18년 장기 독재	표현의 자유 확대 대외 개방	문화 발전과 한류 출현

➡ 산업화와 경제성장, 민주화가 문화 발전으로 이어져

➡ K콘텐츠: 재미와 의미 · 보편성과 특수성을 모두 충족

격동의 한국 현대사 개요

격동의 한국 현대사는 그 자체로 놀라운 스토리의 보고이자 창조력의 원천이었다. 식민 지배와 분단이라는 모순과 갈등 요인을 극복하고, K콘텐츠는 재미와 의미, 보편성과 특수성이라는 두 마리 토끼를 잡으며 세계의 시선을 사로잡았다. K컬처의 콘텐츠는 늘 사회문제와 함께했다. 〈기생충〉이나 〈오징어 게임〉에서 볼 수 있는 것처럼 '한국적인 리얼리즘'이라고 불리는 K콘텐츠의 매력을 한껏 발휘한 것이다.

경이로운 대한민국 사람들

1990년대 후반에 한류라는 문화 현상이 촉발된 시대적 배경은

무엇일까. 한 나라의 내적 성장과 역량은 문화로 꽃을 피우게 마련이다. 결국 고난의 역사를 정면으로 헤쳐온 대한민국의 역동적인 에너지가 1990년대에 분출했다고 볼 수 있다. 이처럼 한국민이 경험하고 축적한 현대사의 특수성은 한류와 K컬처의 성공 요인에도 고스란히 투영된다. 특유의 역사적 감수성과 창조성이 문화적 자신감으로 폭발한 것이다. 나라와 역사, 민족과 국민은 K컬처 형성의 강력한 DNA로 작용했다. 이 같은 외부적 특성에는 어떤 것들이 있을까.

(특유의 역사적 감수성)
고난의 현대사 속 한국인,
다양한 경험 자산의 축적

(한국 문화의 초국가성)
외국과 충돌 및 교류,
한국 문화 혼종화 및 경계 확장

(높은 사회의식과 직업 윤리)
근면과 성실, 땀과 노력 존중,
사회적 책임감과 비판 의식

(한국민의 역동적 창조성)
받아들이되 응용하고
우리 스타일로 재창조

한류와 K컬처 성공 요인 (1. 산업 외부)

문화, 산업, 사회가 함께 가야 성공한다

세계를 휩쓰는 K팝과 K컬처의 인기는 대한민국 산업화 과정의 성공 공식을 따라왔다는 지적이 많다. 자원이 부족한 한국은 선진국을 따라잡기 위해 대외 개방과 수출 드라이브에 주력했다. '빠른 추격자(fast follower) 전략'이다. K팝의 경우 선진국 아이돌 포맷을 수용하고 한국 특유의 경쟁 시스템을 극대화했다. 누구도 쉽게 모방하지 못하는 '한국형 아이돌과 K팝 모델'을 만들어냈고, 결국엔 미국의 팝에 이어 라틴음악과 함께 세계 음악산업의 주목할 만한 위치에 올라섰다.

한국은 문화적·산업적 잠재력과 자신감을 다양하게 표출하면서 기적 같은 성공 드라마를 하나씩 써나갔다. 시대적 운과 타이밍도 기회요인으로 작용했다. 유튜브, OTT 등으로 대표되는 급격한 패러다임 변화에 빠르게 적응하면서 놀라운 응용력과 창조력을 발휘한 것이다. 산업별 분야별로 내적 역량 확충이 지속해서 이뤄지고, 이를 선도하는 정부의 정책 드라이브도 민간과의 협업 구조를 자극했다. 문화와 산업, 사회문화적인 측면에서 원원 성과를 창출한 내부적 성공 요인을 살펴본다.

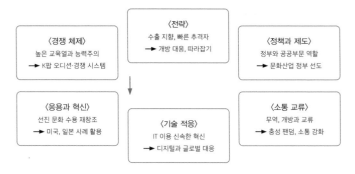

한류와 K컬처 성공 요인 (2. 산업 내부)

문화와 인생, 명사가 아니라 동사를 지향해야

용어의 변천 과정을 보면서 사람의 일생을 떠올린다. 사람은 보통 한 가지 이름을 계속 쓰지만, 당사자인 그 사람은 같은 듯 다르다. 끊임없이 변화하고 성장하기 때문이다. 이름은 같을지 몰라도 시기나 성장 과정에 따라 그 사람의 모습과 정체성, 외부 인식과 평가는 달라진다. 한 가지 이름에도 다양한 인생, 다양한 스토리가 있기 마련이다.

한류와 K컬처는 같은 듯 다르다. 사람의 성장처럼 문화 또한 끊임없이 변화하고 발전하기 때문이다. 도약하는 과정과 성공 요인은 우리 인생에도 많은 것을 시사한다. 사람이 외부적 환경에 대응하면서 내적인 역량을 축적하고, 이를 통해 하나씩 성장과 발전을 이뤄가는 과정은 문화의 그것과 유사하다.

문화 현상과 사람의 인생에는 닮은 점이 많다. 둘 다 고정된 명사형보다 움직이는 동사형을 지향해야 살아남고 또 오래갈 수 있다. '따라잡기'라는 '빠른 추격자' 전략에서 '앞서가기'라는 '선도자(first mover)'로 변화와 혁신을 추구할 수 있어야 한다. K컬처에서 인생을 배워야 하는 이유다.

3.

K컬처에서 배우는
성장 노하우 7가지

K컬처와 우리 삶은 함께 간다

한 나라의 역량과 성취는 문화로 꽃을 피운다. 1990년대 말 '한류'가 태동한 배경이다. 동아시아를 중심으로 인기를 끈 한국 문화 현상은 이제 'K컬처'라는 이름으로 전 세계인의 주목을 받으며 화제에 오른다. 바야흐로 한국은 '감탄과 동경의 세계'로 떠오르고 있다. 뭔가 신박하고, 재미있으며, 역동적인 이미지로 세계인들에게 기억되고 있다.

K컬처 붐을 앞장서 이끈 건 대중문화의 3대 장르로 일컬어지는 음악, 영화, 드라마다. 누구나 쉽게 빠져들고 문턱 없이 공감하는 분야다. 한류 태동 이후 20여 년 만인 2020년 무렵 화려한 스포트

라이트 속에 세계 무대의 공인을 받았다. 빠른 시대 변화와 거센 개방의 파고 등 위기와 도전을 이겨내고 이뤄낸 놀랄 만한 성과다.

K컬처의 성공은 다양하고 복합적인 요인이 작용했다. 한국 현대사의 독특한 경험은 한국 문화의 역량 축적과 도약으로 이어졌다. 이들은 모두 한국인 삶의 모습과 떨어져 있지 않다. 우리의 삶과 문화, 역사가 상호 긴밀하게 연결된 채, 서로 영향을 미치며 발전한 것이다. K컬처와 인생을 함께 봐야 하는 이유다.

K컬처에서 배우는 성장 노하우

K컬처를 분야별로 나눠보면 변화 읽기와 기획부터, 마케팅, 홍보, 이벤트, 정책까지 우리의 일상과 삶의 여정에 시사하는 바가 크다. 우리 인생의 길잡이가 될 다양한 전략과 방법론을 확인할 수 있다. 시대 변화를 읽고 방향을 설정하는 기획 단계부터, 소통과 공공 마인드의 유지까지 그 내용은 다양하고 유익하다. Me-마케팅을 통해서는 나를 돌아보고 가장 좋아하는 K컬처 스타를 살펴보면서 고객과 소통하는 나의 정체성을 고민해 보는 계기가 될 수 있다.

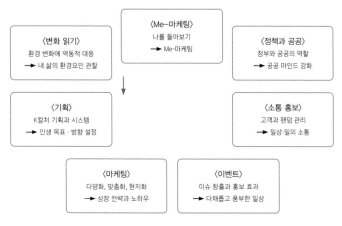

K컬처에서 배우는 성장 노하우 7가지

K컬처와 우리 인생을 연결하는 일은 지속 가능한 K컬처를 위해서도 중요하다. 문화는 사람들의 삶과 끈끈하게 연결된 채 함께 성장하기 때문이다. 하지만 한국인의 자화상이 마냥 밝지만은 않다. 잘파세대(Z세대+알파 세대) 3명 중 1명은 "한국인인 것이 싫다"고 해 충격을 준다. 경쟁이 심해 피곤하다는 게 그 이유다. (〈동아일보〉, 2023년 전국의 1,850명을 대상으로 한 조사 결과, 2023.5.13.) 삶의 만족도 또한 OECD 38개국 중 36위에 그칠 정도로 최하위권이다.

한국외대 이지영 교수는 "K콘텐츠가 사람들을 끌어들이더라도 그 관심과 사랑을 유지하려면 결국 우리 사회가 진짜 매력적인 사회가 돼야 한다"고 말한다.(〈세계일보〉, 2024.7.19.) 홍대 주변을 비롯해 성수동, 익선동 같은 서울의 핫플에는 요즘 외국인 관광객이 넘친다. 그들의 발길이 계속되려면 한국인과 한국 사회가 끊임없이 흥미롭고 멋진 모습을 보여줘야 한다. 보여주기 위해서라기보다 우리 자신이 행복하게 살면 된다.

우리의 경쟁 상대는 누굴까

2024년 봄 하이브와 어도어(민희진)의 폭로전이 거셀 무렵 방시혁 하이브 의장이 SM엔터테인먼트 소속 에스파를 언급하면서 나온 카톡 내용이 눈길을 끌었다. 뉴진스 데뷔를 앞둔 시점에 민희진 대표에게 보낸 메시지, "에스파, 밟으실 수 있죠?" 정작 당사자들은 생각이 달랐다. 에스파의 카리나는 "뉴진스와 대기실에서 만나면 같은 동료로서 하트를 주고받을 정도로 관계가 좋다"고 말했다. 멤버 닝닝 또한 "각자의 개성이 있어 서로 비교할 수 없고, 우리의 경쟁 상대는 과거 자신뿐이다"며 웃었다고 한다.

이 얼마나 멋진가. 우리의 젊은 세대는 오늘도 여전히 도전과 의욕을 키우며 자신의 삶을 개척해 간다. 경쟁이 일상화된 한국 사회의 현실을 힘들어하면서도 그 속에서 꿈과 우정을 키워가는 것이다. 그들의 건강한 미래를 위해 우리 사회와 국가가 할 일이 많다는 걸 실감한다. 앞으로 해결해야 할 과제다.

우리의 경쟁 상대는 다른 나라, 다른 사회, 다른 문화권이 아니고, 결국 우리 자신이다. 우리의 과거, 어제의 나야말로 경계하고 넘어서야 할 대상이다. 날마다 조금씩 성장하면 되는 것이다. 그러면 우리의 일상과 삶이 자연스레 행복해진다. 그래야 K컬처 또한 오래도록 세계인의 마음과 함께할 수 있다. 한국인의 DNA에 내재한 흥과 역동성이 K컬처의 미래를 열어갈 것으로 믿는다.

4.

K컬처,
과연 지속 가능할까

역사와 문화의 패러다임 변화

K컬처의 미래를 두고 어김없이 제기되는 질문이 있다. 과연 K컬처는 얼마나 지속할까. 지속 가능하려면 어떻게 해야 할까. 어려운 질문이고 누구도 정확하게 답할 수 없다. 사람의 운명과 마찬가지로 문화의 미래 또한 많은 변수와 상황에 의해 달라지기 때문이다.

인류 역사를 살펴보면 이해가 된다. 길고 긴 역사 속에 혁명적인 패러다임 변화가 여러 차례 일어났다. 문화 또한 생산과 소비 등 다양한 측면에서 획기적인 변화가 반복됐다. 인류 역사와 문화의 변천을 간략히 살펴보자.

4대혁명	〈농업혁명〉 약 1만 년 전 자연 활용, 농경지	〈산업혁명〉 약 300년 전 자본, 공장, 노동	〈정보통신혁명〉 1970년대 지식과 정보	〈창조혁명〉 2000년대 이후 창조성, 상상력
문화	〈원시 전통사회〉 문화예술의 생산·소비 불분명	〈산업화 이전〉 일부 특권층만 문화 예술 향유	〈산업혁명 후〉 근대 시민사회 형성 지식·문화 대중화	〈최근〉 과학기술 발달, 생산·소비 복합화

인류 역사와 문화의 변천

역사와 문화는 돌고 돈다

세계 문화의 흐름은 문명권의 부침과 함께한다. 4대 문명의 발상(B.C. 3500년경) 이후 역사의 패권은 그리스·로마에서 대항해 시대를 거치며 스페인, 영국, 프랑스 등 서유럽으로 옮겨갔다. 20세기 들어서는 미국이 세계사의 주역이자 문화의 본고장으로 자리매김했다. 동양의 경우 오랫동안 대표 국가는 중국과 인도였다. 19세기 말 서구에 일본문화 열풍이 일어났고, 이후 일본은 크고 작은 변화를 겪으며 존재감을 유지했다. 주요 국가의 대표적인 문화 현상을 정리해 본다.

영국	스페인어권 문화	프랑스, 독일 네덜란드 중국, 인도 이슬람
• 스토리 창조자 – 셰익스피어, 조앤 롤링 • 비틀스(브리티시 인베이전) • 1990년대 브릿팝	• 태양과 정열의 문화 • 문학, 미술, 건축 • 춤과 음악, 축제의 나라 기타음악, 플라멩코, 탱고	

미국의 대중문화	자포니즘 – J컬처	한류 – K컬처
• 세계 문화의 중심지 역할 • 1930년대 할리우드 • 아메리카니즘 전파	• 19세기 말 자포니즘 인기 • 1980년대 J컬처 재패니메이션, 오타쿠, J팝	• 1990년대 한류 형성 • 2020년대 K컬처 세계화 • K팝, K무비, K드라마 등

세계의 문화 현상(예시)

세계사의 문화 주도권은 여러 나라를 거치며 수십 년에서 수백 년까지 이어졌다. 구체적인 사례를 살펴보면 K컬처에도 참고가 된다. 역사와 문화의 흥망성쇠를 보면 결론은 단순하고 명쾌하다. 바로 공존과 협력, 포용과 다양성이 중요하다는 것. 약육강식의 패권을 추구한 나라는 결코 오래가지 못했고, 인류 역사의 발전에 모범적인 사례로 기록되지 못했다.

갈수록 확산하는 문화의 힘과 역할

문화는 상당히 포괄적인 개념이다. "문화가 무엇이냐?"고 물으면 간단히 설명하긴 어렵다. 단순화해 보면 3가지로 정리할 수 있다. 순수한 예술 활동, 지성과 교양의 의미, 마지막으로 의식주 생활문화를 총칭하는 개념이다. 보통 우리는 문화예술이라는 좁은 의미로 쓰거나 여가문화, 음주문화처럼 넓은 개념으로 사용한다.

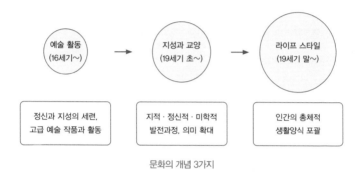

문화의 개념 3가지

K컬처는 좁은 의미에 가까웠지만, 그 범위와 대상은 갈수록 확장일로다. K컬처의 세계적 인기는 관광, 푸드, 패션, 뷰티, 소비재 등 다양한 분야로 빠르게 확산하고 있다. BTS, 뉴진스를 키운 하이브가 자산 5조 원을 달성해 엔터테인먼트 기업으로는 처음으로 2024년 대기업 집단(재계 순위 85위)으로 지정됐다. 관련 산업의 생태계 또한 지각변동을 일으키고 있다. 지난 30여 년간 라면업계 만년 2위였던 삼양식품은 '불닭볶음면'의 글로벌 히트로 2024년 5월 농심을 제치고 업계 1위(시가총액 기준)로 등극했다.

문화와 관광은 행복산업의 핵심

『취향의 경제』(2021)에서 유승호 교수는 1990년대 이후 가치 창출이 제조 영역에서 문화 영역으로 이동했다고 강조한다. 취향의 소비가 개인의 문화 표현과 결합해 급성장하면서 유튜브, 넷플릭스, 아마존 등 글로벌 기업이 이미 문화 비즈니스를 핵심 가치의 하나로 삼고 있다는 것이다.

문화와 관광은 우리의 주된 여가 활동이 됐다. 여가는 일이나 학업, 생리 활동을 제외한 나머지 시간을 말한다. 미래의 비즈니스는 이 여가 시간을 어떻게 가치 있고 재미있게 만들어주느냐가 좌우한다. 바로 '행복 산업'으로 집약되는 분야다. 우리가 즐기는 문화와 관광이야말로 최고의 행복 산업이다.

지속 가능한 K컬처를 위한 길

지속 가능한 K컬처를 위해서는 문명사적 접근이 필요하다고 생각한다. '한국의 문화'라는 하나의 단순하고 독립적인 문화 현상으로 봐서는 한계가 있다. 세계 여러 나라의 문화와 문명이 교류와 융합, 변동과 순환이라는 거대한 흐름을 만들어간다는 사실에 주목할 필요가 있다는 말이다. 길게 보고 차근차근 접근하는 게 지혜롭고 현실적인 방안이다.

중장기적으로 중요한 건 한국적인 것(한국성)과 세계적인 것(세계성)을 잘 아우르는 것이다. 한국인의 정신과 철학을 반영하면서도 세계인이 호응할 만한 문화의 새로운 정수를 창출할 수 있어야 한다. 한국성과 세계성, 그들의 욕망과 취향이 공유의 가치 속에서 성공적으로 만나야 가능한 일이다. K컬처가 제시하는 선한 영향력과 역동적인 창조성은 미래 사회에 긍정적으로 작용할 가능성이 크다.

구체적인 전략 측면에서 보면 K컬처의 'K' 속에 세계인 누구나 좋아하고 선망하는 이미지를 넣을 수 있느냐가 관건이다. 우리가 한때 미국이나 일본 하면 떠올렸던 그런 이미지와도 가깝지 않을까. 바로 문화, 관광, 관련 산업, 소비재, 제조업 등 모든 걸 뛰어넘어 뚜렷한 K의 이미지로 확장하고 각인시키는 일. 'K' 하면 자연스레 어떤 '프리미엄'이나 특별한 '동경과 감탄의 세계'를 떠올리게 된다는 뜻으로도 해석된다. 이제는 추격자에서 벗어나 세계의 '선도자'로 당당히 앞서가야 한다. 끊임없는 변화와 혁신이 이어져야 가능한 일이다.

지속 가능한 K컬처 단계

K컬처와 우리 인생은 뗄 수 없는 관계

이를 위해 현실적으로는 K컬처의 산업과 문화 측면의 과제를 해결해야 한다. 모든 출발은 콘텐츠의 차별화와 경쟁력에서 나온다. 다양하고 창의적인 콘텐츠를 지속해서 만들어낼 수 있어야 하기 때문이다. 분야별로는 기획과 제작, 고객, 마케팅, 유통, 제도 등 모든 측면에서 내적 성장과 질적 발전을 이뤄나가야 할 것이다.

가장 가깝게, 우리가 일상적으로 해야 할 일은 무엇일까. K컬처와 인생을 함께 보는 것이다. K컬처에서 배울 만한 점을 우리의 삶과 일상에 내재화하고, 동시에 우리의 강점과 특성을 K컬처의 소재로 표출하고 발현하는 것이다. 각자가 모여서 한국인을 이루듯, 개별적인 다양한 삶의 모습은 K컬처의 풍부한 원형을 구성하게 된다. 우리 스스로가 세계의 시민으로 끊임없이 업그레이드되는 과정이다.

K컬처는 멀리 있지 않다. 한국인들의 문화 정체성이기 때문에 우리 인생과 떼려야 뗄 수 없는 관계에 있다. K컬처에서 우리가 인생을 배우고, 동시에 우리의 삶 또한 K컬처를 통해 표현해야 하는 이유다.

5.

K컬처 스타가 말하는
인생의 성장

청량 아이돌 '세븐틴'

2023년 세계 최다 판매 음반은 무엇일까? 국제음반산업협회 (IFPI)가 2024년 2월 발표한 '글로벌 앨범 차트'에서 K팝 보이그룹 '세븐틴'이 최고의 자리를 차지했다. 테일러 스위프트 같은 쟁쟁한 스타들을 제치고 달성한 놀라운 결과다.

2015년 데뷔해 꾸준함의 대명사로 꼽히는 '세븐틴'은 2023년을 그들의 해라고 할 정도로 절정의 활약을 과시했다. 앨범 〈FML〉은 누적 628만 장 이상 판매돼 한국 가요 사상 최다 판매량을 기록했고, 〈SEVENTEENTH HEAVEN〉은 발매 첫 주간의 초동 판매량이 500만 장 넘게 팔려 역시 이 분야 신기록을 세웠다. 한 해에 앨범 누적 판매량 1,600만 장을 넘기는 대기록을 쓰며 거침없는 기세를 입증한 것이다.

인기와 장수의 비결

10년 차 그룹이 이렇게 잘나가는 비결이 궁금해진다. 무엇보다 뛰어난 음악성과 퍼포먼스, '청량돌'로 불리는 밝고 긍정적인 그룹 콘셉트, 다양한 개성의 멤버가 만든 놀라운 팀워크가 손꼽힌다. 팬덤과 밀착 소통, 자체 예능 콘텐츠의 인기, 현장에 강한 콘서트 실력 등 다양한 요인들도 거론된다.

특히 흥미로운 점은 13명에 이르는 멤버다. 초기부터 너무 많은 것 아니냐는 우려가 있어도 남녀노소 누구나 좋아할 정도로 매력적인 음악 세계를 구축했다. 팀 내 보컬, 힙합, 퍼포먼스의 3개 유닛이 활동하며 각자의 개성을 하나의 정체성과 브랜드로 잘 버무려 낸 것이 강점으로 작용했다. 세븐틴은 13명의 멤버, 3개의 유닛, 1개의 팀을 의미한다. 평균 연령 17세의 17인조 그룹이라는 초기 기획이 출발이라는 설도 있다.

오랜 활동기간 동안 특별한 사건 사고 없이 정상을 향해 꾸준히 성장해 온 점은 놀라움을 넘어 감탄을 자아낸다. K팝을 대표하는 아이돌 스타로서 '청량돌'에 '성장돌'이라는 확고한 위치에 올라섰다. 세븐틴은 2023년 11월 유네스코 본부에서 아티스트로는 처음으로 청년 포럼에 단독 초청돼 연설하고 공연했다. 2024년 6월에는 유네스코 최초이자 K팝 가수로는 처음으로 청년 친선 대사로 임명됐다. 유엔 총회에서 세 차례나 특별 연설을 한 BTS를 떠올리게 하는 활약이다. K컬처 스타들의 선한 영향력을 실감하게 된다.

K컬처 스타와 우리 인생이 닮은 점

수많은 K컬처 스타의 성장을 보며 우리의 인생을 돌아본다. 세븐틴은 멤버 수도 많고 국적도 다양한 그룹이 자신들의 정체성을 구축해 가면서, 세상의 관심과 인정을 획득한 성공 사례로 주목받는다. 스타들이 시간의 흐름 속에서 팬들과 함께 자신의 세계를 만들어간다는 점에서 우리 일반인의 성장 과정과 크게 다를 게 없다.

인생의 본질은 배움과 성장을 통해 자신만의 세계를 찾아가는 하나의 여정이다. 그 여정은 내가 누구인지, 나의 욕망이 무엇인지를 아는 데서 출발한다. 나를 움직이는 근본적인 동력을 알아야 가고자 하는 목적지를 잘 찾을 수 있기 때문이다.

우리는 살면서 수많은 욕구와 욕망에 휩싸인다. 내 안에 셀 수 없이 많은 나, 때로 서로 갈등하고 충돌하는 나와 만나기도 한다. 이렇듯 인생의 시행착오와 우여곡절을 겪으며 나라는 한 사람이 만들어지고, 점차 세상의 인정을 받게 된다. K팝 그룹들 또한 많은 멤버의 개성과 다양성을 하나의 팀 정체성으로 묶어내는 고단한 과정이 무대 뒤편에 존재할 것이다.

나의 인생 지도 그리기

대학에서 K컬처 과목을 강의하면서 매 학기 학생들과 '나의 인생 지도'를 그려보는 시간을 갖는다. 지난 인생사를 돌아보면서 '내 삶의 가장 소중한 순간이 언제인지' 꼽아보는 것이다. 먼저 각자 기억을 더듬어 공부, 성장, 인간관계 등으로 지나간 삶을 분류한다. 그중에서 가장 강하게 떠오르는 일이나 사건을 적어 보는 것이다(예: 3대 사건, 5대 사건).

학생들의 반응은 다양하다. 바로 지면을 채우는가 하면, 한참 동안 골똘히 생각하거나 쓴 것을 지우고 다시 쓴다. 처음엔 다들 어색한 듯하지만, 조금씩 분위기가 누그러지며 '자신과의 대화'에 빠져드는 모습이다. 이어서 2인 1팀으로 서로 얘기를 나눈 후 발표를 진행한다.

발표 시간은 처음의 서먹한 분위기와는 딴판이다. 학생들 인생이 마치 여러 편의 드라마처럼 펼쳐지기 때문이다. 평범한 듯해도 놀랍도록 무궁무진한 이야기 세상이 열린다. 설레는 대학 합격과 입학, 가족이나 친구들과의 여행 추억, 재미있게 본 책이나 영화, 생전 처음 술을 먹고 친구들과 놀던 날, 늘 인생의 힘과 응원이 되는 부모님 등. 어떤 삶이든 관심과 주목을 받을 가치가 충분하다는 게 실감 난다. 바로 우리의 이야기, 이 시대의 세상 사는 모습 아닌가.

자신과의 대화에 익숙해지기

과거는 현재나 미래의 중요한 출발점이자 모티브다. 과거가 있어야 오늘의 내가 있고 내일의 나 또한 가능하기 때문이다. 지나온 나를 찬찬히 들여다보며 자신과의 대화에 익숙해지면, 자연스럽게 지금의 나를 사랑하게 된다. 내가 좋아지면 자신감이나 자존감도 올라가고, 세상을 행복하게 살 수 있는 근원적인 힘과 자산으로 작용한다.

K컬처 스타를 보며 우리들 인생을 돌아본다. 세븐틴의 노래는 우리를 즐겁게 한다. 13명의 개성이 하나의 팀이 되어 기분 좋은 행복 에너지를 내뿜는다. 사람들에게 기쁨을 주기 위해서는 먼저 내가 긍정적이고 행복감을 느껴야 한다. 그 출발은 나 자신과 친해지는 것이다.

우리는 평소 일상에 쫓긴 채 소중한 걸 잊고 산다. 학생들도 자신들에게 그런 순간이 있었다는 걸 이제야 알았다며 기분이 좋아졌다고 말한다. 돌아볼수록 생각보다 훨씬 즐겁고 기억에 남는 일이 많았다며 웃음 지었다. 오늘은 모든 걸 잠시 멈추고, 내 인생의 소중한 순간을 떠올려보자. 행복한 하루가 시작된다.

2장

K컬처
3대 장르로
떠나는 여정

1.

팝

혼란과 위기가
결정적인 전환점이 되다

한국 대중음악의 변천 과정

한국 대중음악의 변천 과정은 크게 3단계로 정리할 수 있다.(참고: 김성민, 『케이팝의 작은 역사』(2018))

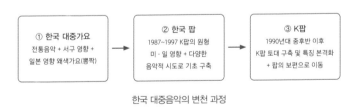

① 한국 대중가요
전통음악 + 서구 영향 +
일본 영향 왜색가요(뽕짝)

② 한국 팝
1987~1997 K팝의 원형
미·일 영향 + 다양한
음악적 시도로 기초 구축

③ K팝
1990년대 중후반 이후
K팝 토대 구축 및 특징 본격화
+ 팝의 보편으로 이동

한국 대중음악의 변천 과정

한국의 전통적인 대중가요 시대를 거쳐, K팝의 원형은 1980년대 후반에서 1990년대 중반에 출현한다. 한국 사회의 질적 전환과 함께 음악산업이 재편되면서, 모방단계를 넘어 '자기 음악'을 창출하려는 시도가 다양하게 이뤄지는 것이다. 미국과 일본의 팝 의존에서 벗어나 점차 현대적인 감각 위에 K의 느낌이 담긴 '한국 팝'이 형성되는 시기다.

한국형 아이돌의 태동이라고 할 소방차(1987~1990, 1기)와 김완선(1986~)에 이어 K팝의 출발이자 기준점이라고 할 서태지와 아이들(1992~1996), 최초의 K팝 아이돌인 H.O.T.(1996~2001)를 보면 초기 K팝의 무대가 그려진다.

한국적인 팝이라는 숙성의 단계를 거치며, 2000년대에 들어서면 팝의 보편적인 특징이 K팝에서 본격적으로 나타난다. 2010년대에는 세계적인 주목 속에서 빌보드와 유튜브 음악에 K팝 장르가 신설되는 등 국제적 공인을 받기에 이른다. 싸이의 〈강남스타일〉(2012)은 K팝 역사상 유튜브 최고 인기곡(50억 뷰 돌파)에 등극하고, BTS는 2020년 〈Dynamite〉로 대한민국 음악그룹으로서는 최초로 빌보드 메인 차트인 핫 100 1위를 기록한다.

K팝의 성공 요인

한국 음악산업의 성장은 한국 사회의 변화와 맥을 같이 한다. 음악 자체와 이를 둘러싼 산업과 시장, 전체 사회문화가 맞물려 돌아간다는 의미다.

K팝의 원형이 싹튼 1980~1990년대 한국 사회는 한마디로 격랑의 시대. 국내적으로는 민주화의 진통과 함께 거센 개방과 세계화의 물결이 외부에서 밀어닥친다. 국내 산업을 보호하기 위한 제도와 정책은 속수무책으로 무너지고 만다.

하지만 1980년대 민주화, 서울올림픽 등을 통해 얻은 정치적 자긍심과 경제 호황은 한국 사회의 내적 역량을 축적하는 계기가 된다. 이른바 '신인류'(X세대)가 소비 주체로 등장하고, 이들의 문화적 포식성은 새로운 문화와 음악을 향한 강렬한 욕망으로 표출된다. 유재하, 신해철, 015B 등 실력 있는 싱어송라이터와 뮤지션들이 대중음악계에 일대 변화의 바람을 일으킨다.

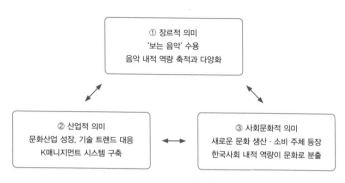

K팝 3가지 의미로 이해하기

    K팝의 성공 요인을 다양하게 꼽을 수 있는데, 크게 3가지 차원으로 정리하면 다음과 같다.

    (1) 음악: 보는 음악과 블랙 뮤직의 수용, 아이돌 음악과 다양한 음악 장르의 조화

    (2) 산업: 매니지먼트 시스템 구축, 기술 트렌드(디지털 음원, 유튜브)에 신속한 대응

    (3) 사회문화: 새로운 생산·소비 주체의 등장(X세대), 한국 사회의 문화적 역량 표출

세계 음악 트렌드를 읽고 우리의 길을 찾다

2가지의 포인트를 구체적으로 살펴본다.

(1) 먼저 '보는 음악'의 적극적 수용이다. 1980년대 세계 음악계는 MTV 개국(1981), 마이클 잭슨을 상징으로 한 블랙 뮤직 득세, 랩/힙합의 주류 부상 등에서 볼 수 있는 것처럼 역사적인 격변의 시기다.

한국은 세계 음악계의 흐름과 긴밀하게 호흡하며 팝 뮤직 본토의 감각을 흡수해 나간다. SM엔터테인먼트의 설립자인 이수만은 미국 유학 중 MTV를 접하고 아이돌의 매력을 인식했다고 알려진다. 1990년대 일본의 J팝이 세계적 흐름과 멀어지기 시작한 것도 경종을 울린다. 한국의 아이돌이 일본형에서 미국형으로 방향 전환을 한 계기다. 이렇듯 세계 팝의 감각을 추구한 것은 오늘날 K 팝으로 이어지는 결정적인 전환점이라고 할 수 있다.

(2) 또 한 가지는 기술 변화에 대한 신속한 대응이다. 문화시장의 개방과 함께 음악산업은 혼란과 위기에 직면한다. 음반 중심의 전통적 패러다임이 근본적으로 바뀌게 된 것이다. 이제 음악은 디지털 파일(음원)을 통해 손쉽게 스트리밍과 공유가 이뤄지면서 유

통 문제가 핵심으로 부상한다. 새롭고 혁명적인 상황 앞에 전통적인 음악 기업과 산업은 생존 위기에 빠진다.

IT강국 한국은 디지털 음악 시대에 빠르게 대응한다. 2005년 출범한 유튜브라는 엔터테인먼트 유통의 공룡 플랫폼에 올라탄 것이다. 세계 음악계에 참신한 매력을 무기로 등장한 K팝은 유튜브를 통해 날개를 달게 된다. 전 세계인이 K팝을 보고 들으면서 커버댄스, 굿즈 등을 통해 특유의 감각과 스타일을 따라 하게 된 것이다.

K팝의 성공에서 배우는 인생

K팝의 변천 과정은 외부의 것을 받아들여 진정한 자신을 만들어 가는 성장과 도약을 보여준다. 모방하던 단계에서 벗어나 자신의 색깔과 목소리를 찾아가는 여정에 있다. 미국과 일본의 영향에서 벗어나 다양한 음악적 시도를 통해 기초를 다지고, 동시에 세계 음악의 흐름을 수용하면서 점차 팝의 보편에 접근하는 것이다. 이는 한국가요 → 한국 팝 → K팝의 변화가 잘 설명한다.

한 인간이 성장하는 과정 또한 유사하다. 모방과 학습에서 시작해 점차 세상을 알고 적응해 가면서 자신의 정체성을 확립해 가는 게 인생 여정이다. 여기엔 나와 외부, 자아와 타자, 자국과 세계 간의 상호작용과 교류, 갈등과 충돌이 있게 마련이다. 혼란과 위기 앞에 사람들은 때로 방황하고 좌절한다. 상처와 인내를 딛고 단단하게 일어서기도 한다.

어떻게 이겨내야 할 것인가. 현재의 자신과 상황을 정확히 읽는 게 중요하다. 이를 통해 자신이 잘할 수 있는 결정과 선택을 해야 한다. K팝이 처음에 오늘날의 성공을 예견하고 장담할 수 없었듯이, 무엇이 올지는 아무도 알 수 없다. 그게 바로 인생이다. 정해지지 않은 '길 위의 인생'이 삶의 본질은 아닐까.

내 인생의 위기와 선택

내 인생을 돌아보니 두 번의 혼란기와 전환점이 떠오른다.

20대, 나는 세상을 몰랐고 뭘 해야 할지 막막했다. 주위에서 진지하게 미래를 조언해 준 사람도 없었다. 그렇게 별생각 없이 들어간 대학에서 현실은 한없이 불안하고 불확실했다. 많은 청춘처럼 나는 매일 흔들리면서 방황의 시간을 보냈다.

고민 끝에 내가 선택한 건 공무원 시험이었다. 한 가지 목표를 잡고 내 힘으로 뭔가를 해보고 싶었다. 세상만사 잊고 고시원에 틀어박혀 책을 파고들었다. 그렇게 시작한 공무원 생활은 30여 년 평생 직업이 됐다. 평범하고 성실한 편이었던 내게, 공직 생활은 과연 천직이었을까.

30대 후반에 번아웃이 왔다. 다행히 2년 간의 해외 연수를 가게 됐다. 영국 생활은 내게 여행의 즐거움이 뭔지를 선사했다. 영어 말하기는 별로였지만 원어민 교정을 거쳐 제출한 에세이가 좋은 평가를 받았을 때는 공부의 진짜 즐거움이 뭔지를 느꼈다.

제2의 선택으로 새로운 인생을

나를 바꾼 건 제2의 선택이다. 40대에 공부를 시작해 6년 만에 영상학 박사학위를 받았다. 공무원 생활은 계속했지만, 관심 있는 분야의 논문이나 보고서를 읽으며 야간에는 틈틈이 대학에서 강의했다. 하나씩 배우며 부족한 부분을 채워나가고, 남들과 조금씩 나누는 그런 생활이 갈수록 좋아지는 걸 느낀다.

이제 K컬처를 주제로 글을 쓰고, 대학의 강의자료를 준비하며 학생들을 만난다. 나 자신과 주변을 돌아보며 여유를 느끼는 지금, 이 순간의 자유로움이 좋다. 그간 위아래로 꽉 짜인 조직 생활을 어떻게 견뎌냈을까 새삼 돌아보게 된다.

뭐가 됐든 잘할 수 있고 즐겁게 할 수 있어야 행복하다. 자신에게 맞는 길을 찾아나가는 일, K팝이나 우리 인생이나 진정으로 중요한 일이 아닐 수 없다. 이것이 혼란과 위기일수록 우리가 선택에 집중해야 하는 이유다.

2.

자신을 디스하는 자는
강하다

K컬처 여정을 시작하며

대학의 K컬처 강의 첫 시간에 나는 래퍼 에미넴(Eminem)의 자전적인 영화 〈8마일〉(2002)을 소개했다. 조금 뜬금없는 것 같아도, 세계 팝 음악 역사의 큰 흐름 속에서 K팝의 위치와 위상을 볼 수 있기 때문이다. 게다가 에미넴은 드라마 같은 인간 승리의 주인공이고 〈8마일〉도 강추 영화다. 힙합이란 음악 장르를 이렇게 실감 나고 에너지 넘치게 보여줄 수 있다니 몇 번을 봐도 어깨가 들썩거릴 정도다.

＊8마일은 미국 디트로이트 시내 중심가와 변두리 빈민가를 나누는 도로명이다.

에미넴은 장르를 불문하고 2000년대 이후 최고의 음반 판매를 기록한 뮤지션이다. 〈8마일〉의 주제가인 〈Lose yourself〉는 힙합 역사상 최초로 12주간 빌보드 핫 100 1위를 기록했다. 2000년대 미국 힙합을 대표하는 명곡으로, 그래미와 오스카를 동시에 수상한 최초의 힙합곡에도 올랐다.

탄생 50주년 맞이한 힙합, 대중문화 주류로

힙합은 2023년 탄생 50주년을 맞았다. 1973년 미국 뉴욕의 브롱크스에서 유래해 대중음악의 주류 장르로 떠올랐다. 열악한 경제 상황에 대한 사회적 저항의 목소리로 시작해, 음악, 미술, 춤, 패션, 언어 등을 넘어 세계적인 문화 현상으로 큰 영향을 미치고 있다. 2023년 8월에는 힙합 50주년을 기념하는 행사가 뉴욕의 링컨센터에서 열렸다고 한다.

보통 힙합의 기본 요소로 랩(rap), 디제잉(DJing), 비 보잉(B-boying), 그라피티(graffiti) 등이 꼽힌다. 우리 주변에서 확인할 수 있는 힙합 문화는 한국에서 흔히 'X 싼 바지'라고 불리는 '배기 팬츠'(baggy pants, 헐렁한 바지)다. 1990년대 인기를 끌었던 듀스, 지누션 등의 힙합 가수들이 즐겨 입었고, 1990년대 'X세대 문화'를 상징하는 패션이 됐다.

건물 벽이나 담장 등을 캔버스처럼 이용해 스프레이 페인트로 그리는 낙서 그림인 '그라피티'도 일반화됐다. 2021년에는 BTS의 〈화양연화 On Stage : Prologue〉의 뮤직비디오 촬영지로 유명해진 서울대의 폐수영장이 철거 위기를 맞았다가, 뷔가 그린 그라피티로 인해 BTS 명소로 살아남았다는 소식이 전해졌다.

힙합 배틀과 우리 인생의 닮은 점

디트로이트 슬럼가 출신인 에미넴은 흑인들의 전유물이라고 여겨진 힙합에 도전해 조롱과 멸시, 차별과 장벽을 이겨내고 세계 정상에 우뚝 섰다. 약물중독인 싱글맘 아래에서 흙수저 인생을 살면서, 왜소한 체구로 왕따당하고 고등학교도 중퇴했다. 결국엔 힙합과 랩에서 놀랄 만한 인생 드라마를 썼다.

영화 〈8마일〉의 압권은 힙합 배틀이다. 단 45초라는 짧은 시간에 '시원하게 썰을 까서' 상대의 기를 홀딱 빼야 한다. 열기로 가득한 장내에서 관객들이 외친다. "쫄지 마!" 결승전 시간은 1분 30

초, 에미넴은 "엄마 트레일러에 빌붙어 사는 백인 쓰레기"라고 자신의 지질함을 스스로 폭로한다. 모든 것에 솔직해지기로 하고 자신을 디스하는 것이다. 그리곤 배틀 챔피언인 상대 흑인을 '무늬만 갱스터'라며 약점을 공격한다.

어릴 때부터 이야기꾼의 소질이 있었던 에미넴은 뼈를 깎는 노력으로 자신만의 스토리와 독창적인 세계를 구축했다. 그중에서도 가장 큰 무기는 '솔직함과 진정성'이었다. 인생의 불운과 실패를 인정하고 그 지점에서 새로운 길을 만들어가는 것이야말로 우리 인생의 모든 여정을 함축해 보여주는 것 같다.

"나는 항상 래퍼 에미넴을 본보기로 삼는다. 사람들은 절대 에미넴을 욕할 수 없다. 그는 미리 스스로 지은 노랫말로 자신을 욕하고 답하기 때문이다. 좋은 글은 타인을 설득하지 않는다. 비판받을 만한 곳에 미리 가 있을 줄 아는 작가가 성공한다" **– 작가 닐 스트라우스**

K팝이 흑인음악이라고?

K팝은 힙합과 관계가 깊다. 힙합이 처음 한국에 들어왔던 1990

년대는 홍대 주변 클럽의 '언더그라운드'에서 주로 소비되다가, 드렁큰타이거, 에픽하이, 다이나믹듀오 등의 뮤지션들에 의해 '오버그라운드'가 만들어지고 일반 대중에게 알려지게 됐다. 2012년에 시작한 엠넷의 힙합 서바이벌 프로그램 〈쇼미더머니〉가 힙합 대중화에 결정적인 역할을 했다. YG엔터테인먼트의 양현석 대표가 처음에 힙합 전문 음반기획사로 출발한 건 잘 알려진 사실이다.

크리스털 앤더슨 미국 조지메이슨대 교수는 『케이팝은 흑인음악이다』(2022)에서 K팝과 흑인음악의 연관성을 강조한다. K팝은 힙합, R&B 등 흑인음악의 영향을 받아 이를 한국적으로 해석하고 발전시킨 것이라고 주장한다. 실제 방시혁 하이브 의장은 2017년 언론 간담회에서 "서구인들에게 낯선 K팝의 베이스로 (이미 익숙해진) 흑인음악을 섞었던 것이 미국 음악시장에서의 성공 비결이 아닌가 생각한다"고 밝혔다.

K팝의 정점에 선 BTS는 2013년 힙합 아이돌로 출발했다. 근래 주로 팝 댄스 풍의 곡을 선보였어도 초창기 정체성은 단연 힙합이었다. 데뷔 전 RM, 슈가 등이 힙합 크루로 활동했다.

문화는 교류와 융합 통해 발전

이처럼 K컬처는 하루아침에 이뤄진 것이 아니다. '홀로' 빛나는 문화 현상도 아니다. 세계의 거대한 문화 흐름 속에서 길지 않은 기간에 모방과 변용, 파괴와 창조의 과정을 거쳐 탄생한 것이다. 힙합 탄생 50주년인 2023년 BTS는 데뷔 10주년을 맞이했다.

교류와 융합은 문화에서 필수적이다. 에미넴은 흑인들의 홈그라운드라고 할 힙합 장르에서 일종의 역차별과 사회적 장벽을 허물고 새로운 혼종의 문화를 만들어냈다. 문화는 경계나 차별이 없고 얼굴색도 중요하지 않다는 걸 온몸으로 보여준 셈이다.

'한국인이 없는' K팝의 정체성 논란

최근 들어선 오히려 정체성 논란이 자주 제기된다. '한국인 없는' 다국적 K팝 아이돌 그룹이 더 이상 새로운 현상이 아니기 때문이다. 벨기에·미국·독일·인도의 4인 멤버로 구성된 '블랙스완'은 국내에서 한국어로 노래를 부른다. JYP가 배출해 일본에서 맹활약 중인 '니쥬'는 전원 일본인 멤버인 9인조 걸그룹이다.

2023년 BTS의 하이브는 다국적 그룹을 육성하기 위한 글로벌 오디션 프로젝트를 대중음악의 본산지인 미국에서 진행했다. 전 세계에서 20만 명이 몰려 무려 6000 대 1의 경쟁률을 보일 정도로 열기가 뜨거웠다. 예비 멤버 20명 중 한국인은 2명에 불과해 자국 출신 지원자에게도 문턱이 높다.

이쯤 되면 도대체 K팝의 범위를 어디까지 봐야 할지 고민이 된다. 한국인 가수, 한국어 노래, 칼군무와 댄스 퍼포먼스, 비주얼과 패션, 특유의 비트와 리듬 기반의 음악 자체, 아이돌 양성 시스템 등. 어느 한두 가지로 말할 수 없을 만큼 K팝은 이제 다층적이고 복합적이다. 시간이 지날수록 변화무쌍한 음악적 시도와 변주로 확산하지 않을까, 예측불허의 진화 양상이다.

(K팝의 요소: 예시)
가수 · 아이돌: 국적
음악 장르: 힙합, 랩, R&B, EDM…
댄스 · 퍼포먼스: 칼군무
언어: 한국어 가창
외모 · 비주얼
리듬 · 멜로디
시스템 · 양성 방식

(K팝의 일반적 정의)
한국형 아이돌 그룹이 특유의
퍼포먼스와 함께 보여주는 음악 스타일

(K팝의 정체성과 미래)
한국적 양성 시스템에 초점(현재),
'K'와 '팝'의 욕망을 성공적으로
매개하느냐가 관건

K팝의 정의와 정체성

K팝의 역사와 대중음악의 장르 문제

K팝의 원형으로 돌아가 보자. K팝은 한국 대중가요를 바탕으로 1980년대 후반 이후 '한국 팝'의 시대를 거쳐 1990년대 중·후반 이후 본격적으로 등장하기 시작한 한국의 대중음악을 말한다.

2011년에 유튜브와 빌보드에 K팝 장르가 신설되고, 2012년 옥스퍼드 영어 사전에 'K-POP' 단어가 등재됨으로써 K팝은 국제적으로 '공인'을 받았다. 이 사전은 ① 한국에서 만들어진 대중음악, ② 한국의 팝이라고 포괄적으로 정의하는데, K팝의 핵심은 계속 진화하는 중이다. 제작 현장에서는 '보컬과 군무가 동시에 잘 드러나도록 팀워크를 중심으로 짠 육성 시스템'으로 보는 것이 다수이다. K팝이 발산하는 역동성과 집단성을 핵심으로 본 것이다.

『대중음악 강의』(2022)를 펴낸 서울대 음대 민은기 교수는 "대중음악에서 장르란 분명히 존재하지만, 우리가 믿는 것보다는 그 경계가 훨씬 느슨하며, 그마저도 끊임없이 변한다"라고 지적한다. 새로운 장르의 출현과 혼종, 하위 장르의 생성이 전혀 놀라운 현상이 아니라는 얘기다. K팝의 정체성 논란은 음악의 속성과 역사에 비추어 볼 때 자연스러운 현상일 수 있다는 의미로 해석된다.

정체성 논란을 딛고 성장의 길로 가려면

문화는 국경을 넘고 음악은 장르를 넘나들기 마련이다. K팝도 사실 서양의 팝 음악과 일본 J팝의 영향을 받아 탄생한 장르이기에 국적 논란이 무의미할 수 있다. K팝을 둘러싼 대중음악계의 변화상과 산업적 지형이 그만큼 변화 여지가 무궁무진하다는 뜻이다.

K팝이 세계 시장을 정복하고 세계 음악 팬들의 사랑을 독차지하는 것이 결코 능사는 아니다. 바람직하지 않고 가능하지도 않다. 미국 중심 대중문화의 헤게모니를 흔들면서 세계 문화의 흐름과 역사에 새로운 활력과 다양성을 만들어내는 것이 중요하다. 이런 측면에서 K팝은 일정한 성공을 거두고 있으며, 앞으로 지속 가능한 음악적 성과와 문화적 현상으로 이어가는 것이 필요하다. K팝의 정체성이 문제로 떠오르고 있지만 일종의 통과의례처럼 극복해야 할 과제인 이유다.

정체성에 대한 논란은 괄목상대할 때 드러난다. 어떤 경우든 과거와 달라질 때, 예전과 다른 모습으로 주목받을 때 제기된다. 앞으로 혼란이냐, 발전이냐는 지금부터 하기 나름이다. 나 자신과 우리도, 또한 K팝도 정체성에 대한 고민이 미래의 성장으로 이어지길 기원한다.

뉴진스를
생각하지 마

하이브 대 민희진, 문제는 '프레임'이다

하이브 대 민희진. 골리앗과 다윗 같은 싸움으로 2024년 봄 K
팝 세상이 온통 시끄러웠다. 일반인들이야 직접 관계가 없으니 그
저 어떻게 돌아가는지 바라만 본다. 하지만 잘 나가는 K팝에 악
영향을 미치진 않을까, 잘 마무리됐으면 하는 마음만은 간절하다.
많은 이들이 그럴 것이다.

어느 한쪽을 편들 생각은 없지만, 여론의 향배는 흥미롭다. 수
세에 몰리는 듯했던 민희진 측의 4월 25일 기자회견 이후 상황은
반전을 보였다. 2시간 15분에 걸친 라이브 쇼 같은 기자회견, 새벽
2~3시경 포장마차 분위기의 눈물과 하소연, 비속어와 욕설까지

이어졌다. 기존의 거의 모든 격식을 파괴한 놀라운 자리였다.

많은 전문가는 접근하는 방식인 '프레임 대결'에 주목한다. 민희진은 대중의 관심을 잘 읽는 베테랑 기획자이자 크리에이터. 의도에 대한 해석이 분분하다. 어쩌면 치밀한 계산과 전략의 결과가 아니었을까. 국면을 단숨에 바꿔버리는 일종의 승부수가 통했다고 보는 게 맞을 것 같다.

	하이브	민희진
기본 입장	산업, 비즈니스, 사업성, 통합과 통제	문화, 창작, 전문성, 자율과 독립
대응 방식	사무적인 대응, 문서 플레이, 규칙 준수	감정에 호소, 라이브쇼 분위기, 격식 파괴
이미지	장사꾼, 고용인, 가부장적, 기득권, 구시대	장인과 현장인, 피고용인, 일하는 여성, 약자, 일벌레

하이브와 민희진의 '프레임' 대결

성공은 사람의 감정선을 뒤흔든 결과

양측 다 폭로전으로 밀어붙였지만 기본 프레임은 산업 대 문화, 장사꾼과 장인이었다. 하이브는 이성적이고 사무적으로 대응했지만, 민희진은 감정을 자극하고 공감을 끌어내는 방식을 취했다. 그 결과 하이브는 개저씨와 구시대, 기득권의 상징처럼 비쳤지만, 민희진은 피고용인 여성, 야근을 밥 먹듯 하는 일벌레 약자로 자리매김했다. 대중들은 누구와 동일시하는가. 당연하게도 민희진의 프레임에 공감하게 된 것이다.

사람들은 감정을 흔드는 데 강하게 몰입한다. 모든 성공한 콘텐츠, 폭발하는 이야기에는 감정을 자극하고 마음을 흔드는 뇌관이 있는 것이다. 다만 그것을 사전에 치밀하게 계획하거나 예측하기 어렵다. 감정과 마음의 흐름은 맥락과 상황에 따라 달라지기 때문이다. 성공 방정식은 하나둘 쌓여가도 매번 똑같이 적용되기 어려운 이유다.

코끼리는 생각하지 마

유명한 말이다. 사람들이 세상을 바라보는 생각의 틀을 가리키는 '프레임'이나 '프레이밍 효과'를 언급할 때 잘 드는 예다. 코끼리를 생각하지 말라는데, 사람들은 코끼리를 떠올리고야 만다. 그게 자연스러운 사고의 흐름이다. 프레이밍 효과로 유명한 인지언

어학자 조지 레이코프(George Lakoff)는 『코끼리는 생각하지 마』(2004)에서 먼저 틀을 제시해 대중의 사고를 규정하는 쪽이 정치적으로 승리한다고 한다. 이를 반박할수록 오히려 프레임을 강화하는 딜레마에 빠지기 쉽다고 덧붙인다.

소통과 홍보 분야에서 '프레임' 장악은 중요하다. 일단 부정적인 프레임이 형성되면 바꾸기 어렵기 때문이다. 따라서 초기에 여론을 수렴하고 발 빠르게 대응하는 것이 필요하다고 강조한다. 같은 현상도 프레이밍 효과에 따라 극단으로 갈릴 수 있다. 사람들의 마음이 작동하는 방식을 다룬다는 점에서 정치와 선거, 홍보와 미디어, 마케팅 분야에서 폭넓게 사용된다. 민희진은 이런 프레임 효과를 읽었던 것 아닐까.

인생의 프레임을 리프레임하기

넓게 보면 프레임은 '우리가 세상을 바라보는 방식'이다. 인간이 그들 앞에 놓인 대상과 현상을 생각하는 방식이다. 도전할 것이냐, 그 안에서 생존을 도모할 것이냐. 결국 '선택의 문제'다.

행복 심리학자 최인철은 『프레임』(2007)에서 인생을 바꾸고 싶다면 '프레임을 리프레임하라'고 말한다. 사람은 누구나 자신만의 프레임을 가지고 살아가는데, 조금만 다른 시각에서 바라보면 새로운 것들이 보이기 시작한다는 것이다. 구체적으로 의미 중심으로 생각하기, 긍정적인 언어로 말하기 등 지혜로운 사람의 11가지 실천 프레임을 제시한다.

사업이나 인생이나 중요한 건 세상을 바라보고 대응하는 방식이다. 바로 우리의 삶을 규정하는 프레임이다. 하이브는 난공불락의 탑 같은 거대 비즈니스라는 프레임이었다. 반면 민희진은 피땀이 밴 현장 크리에이터의 절실함으로 반격의 화살을 날렸다. '뉴진스의 엄마'를 자처하는 민희진이 끝까지 경영권을 지키는 게 쉽진 않을 것이다. 하지만 논란의 결과를 떠나서 '프레임을 일거에 리프레임'한 민희진의 과감한 승부수는 깊이 각인될 것이다. 약자의 효과적인 대응 방식을 보여준 까닭이다. 이번 사례에서 본 '경영'과 '프로듀싱'의 역할 분리 문제는 앞으로 K팝의 발전 단계에서 해결해야 할 중요한 과제로 보인다.

작고 평범한 나에서 진정한 나로

　인생에서 중요한 건 자신의 세상을 만들어가는 과정이고 방식이다. 모든 인간은 결핍과 트라우마가 있다. 부족한 나, 지질한 나라고 자책할 필요는 없다. 그걸 하나씩 극복하면서 진정한 나를 찾아가는 것이 바로 인생 여정이다. 작고 평범하며 하찮은 나에서 차근차근 세상 속에 오롯이 서는 나를 만들어 가는 것이 중요하다.

　오늘은 잠시 시간을 내서 세상을 바라보는 나 자신을 들여다본다. 아주 작은 것이라도 새롭게 바꿔나갈 한 가지만이라도 찾아본다. 이렇듯 나만의 프레임을 만들어가는 것이 지금, 이 순간이 행복해지는 방법 아닐까. 덤으로 내일은 더 큰 보람과 의미가 느껴질지 모른다.

4.

영화

개방의 파고를 헤치고
새롭게 도약하다

한국영화사의 위기와 도전

한류와 K컬처를 끌어온 3대 분야라면 대중음악, 드라마와 함께 영화가 손꼽힌다. 한국 영화는 〈기생충〉(2019)이 칸영화제와 미국 아카데미상을 석권하면서 세계 영화계의 정점에 올랐다. 한국 영화의 성공 요인은 무엇일까. 여러 가지가 거론되지만, 가장 주목할 만한 점이라면 '개방에 대한 대응과 혁신'을 꼽을 수 있다. 한국 영화 역사의 분기점으로 3가지 개방을 들 수 있다. 이는 한국 영화의 성장과 발전에 있어 가장 어렵고 힘겨운 도전이기도 했다.

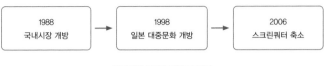

| 1988 국내시장 개방 | → | 1998 일본 대중문화 개방 | → | 2006 스크린쿼터 축소 |

한국영화사 3대 개방의 위기

(1) 1988년 국내 영화시장의 대외 개방과 자유 경쟁체제 전환

제한적으로 수입되던 할리우드 영화를 미국 영화 회사가 자
유롭게 직접 배급한다.

(2) 1998년 일본 대중문화 개방 조치 단행

영화, 애니메이션, 가요 등 일본 대중문화가 단계적으로 개방
된다.

(3) 2006년 한국 영화 의무 상영일수가 최대 146일에서 73일로
축소

한미 FTA 협상을 계기로 자국 영화 보호장치(스크린쿼터)가
대폭 완화되어 몇 년간 한국 영화 침체기로 이어진다.

일련의 개방 조치는 한국 영화계에 긴 그림자를 드리운다. 하
지만 이를 통해 한국 영화는 차츰 내적인 경쟁력을 갖추면서 영화

분야에서 독특한 한국형 모델을 정립해 나간다.

결론적으로 개방 조치는 고난의 시험대였지만, 동시에 체질 개선을 위한 자극제이자 분기점이 됐다. 넘어지면서 배우고, 무너지면서 성장하는 한국인의 강인한 기질이 잘 나타난 게 바로 영화가 아닐까 싶다. 그런 지난한 과정을 거쳐 한국 영화는 마침내 칸영화제와 아카데미 시상식 같은 세계적인 무대에서 큰 주목과 찬사를 받기에 이른 것이다.

역사에서 배우는 지혜

개방에 어떻게 대처하느냐는 국가적 생존과 흥망의 갈림길로도 작용한다. 영국과 일본이라는 두 섬나라의 사례를 보면 극명하게 드러난다. 섬나라는 태생적으로 고립과 자기만족에 머무르기 쉽다. 반면 시야가 밖으로 향하면 확장과 팽창의 길을 걷는다. 탐욕적인 제국주의로 이어지기도 한다.

유럽의 서쪽 끝 섬나라인 영국은 유럽 본토와 대립과 경쟁, 교류와 협력을 통해 변방의 소국에서 세계의 강국으로 성장한다. 명

예혁명, 스페인 무적함대 격파, 산업혁명 등 정치·경제적 안정이 대외 확장의 출발점이 된다. 일본도 에도막부 시기 오랜 폐쇄정책을 벗어나 문호개방과 메이지 유신(1868)을 단행한다. 발 빠르게 서구 선진국을 벤치마킹하면서 국력을 키워 일약 동양의 맹주로 부상한다.

개방과 성장의 사다리를 움켜쥔 자가 운명의 주인이 되는 역사의 한 장면을 보는 것 같다. 우리에게는 구한말 쇄국의 뼈아픈 역사가 있다. 적절한 개방 타이밍을 놓치고 근대화에 뒤지면서 일본의 강점 아래 놓이게 된 것이다.

21세기 들어 전세가 다시 역전되고 있는 것 같아 흥미롭다. 일본이 내수에 안주하는 사이 한때 잘나가던 J컬처는 퇴조 현상을 보인다. 반면 한국은 좁은 내수시장을 넘어 대외 개방과 수출로 살길을 찾았다. 과감하게 경제와 문화시장의 활로를 개척해 오늘날 세계적인 인기를 끄는 K컬처를 꽃피운 것이다.

인생에서 개방이란

인생의 성공과 행복을 좌우하는 건 무엇일까. 많은 요인이 있겠지만, 적극적인 교류와 소통의 자세가 중요하다는 점에 동의한다. 우리 인생의 많은 시간은 배움과 교류를 통해 조금씩 성장하고 성숙해지는 과정이다. 때로 숙명의 경쟁자나 빌런을 만나기도 하지만, 평생을 함께할 동료나 친구, 멘토와 인연을 맺기도 한다.

세상은 참으로 넓고 만날 사람과 배워야 할 것들은 많다. 누구를 만나고 무엇을 배울지는 각자의 선택과 책임이다. 삶의 성취를 앞당기기 위해서는 자신을 낮추고 열린 자세를 유지하는 게 중요하다. 뛰어난 고수와 전문가는 많고도 많은 법이니까. 고난과 역경, 혼란과 숙성의 시간을 거쳐 또 다른 나로 거듭나는 것이 바로 인생의 여정이다. 시간과 경험의 축적을 통해 오늘도 나를 끊임없이 업그레이드해 나가는 이유다.

나의 인생, 변화와 개방에 단련된다는 것

내가 살아온 날들을 돌아보면 한국 사회의 변천 과정과 살짝 겹치는 부분이 있다. 빠른 도시화와 산업화, 진통의 민주화 과정에서 한국은 놀라운 역동성과 변화 대응력을 보인다. 산골에서 태어난 나는 학교와 사회생활을 하면서 군 소재지인 소도시를 거쳐 광역시와 특별시까지 진출하고, 잠시 해외 생활도 했다. 로컬에서 내셔널과 글로벌로 공간이동을 하는 사이 변화와 개방에 조금씩 단련되면서 오늘의 내가 만들어진 것 같다.

우리 삶은 태어난 지역이나 집안 환경이 결정적인 경우가 많다. 4km를 걸어야 초등학교를 구경할 수 있는 두메산골이란 여건은 힘겨운 삶의 분투가 무엇인지를 절감하게 했다. 나는 사실 개방적이거나 적극적인 성격이 아니다. 집안 자체가 그런 편으로 보수 안정형에 가깝다. 그나마 여기까지 나를 이끈 건 배움과 성장의 욕구가 아니었을까 싶다.

인생의 고비마다 넓은 세계를 만나며 나는 큰 자극을 받았다. 때로 좌절하고 고통스러운 시간을 견뎌내면서 오늘의 나로 성장했다. 위기와 도전 앞에 한국 영화가 일어섰듯이, 나 또한 고난의 시간이 만든 성장의 결과물이란 걸 실감한다. 힘든 오늘을 견디는 모든 이에게 희망의 문이 하나씩 열리길 기원한다.

5.

혼란이
특별함을 만든다

한국 영화가 훌륭한 이유

"한국 영화가 훌륭한 이유는 이런 영화를 탄생하게 한, 훌륭하지 않은 사회 때문이다" 아일랜드 출신 영화 평론가 피어스 콘란의 지적이다. 한국 영화에 빠져 2012년에 한국에 온 그는 2023년 펴낸 『필수는 곤란해』에서 혼란스럽고 암울한 한국의 현대사는 다양한 이야기 소재가 됐다고 말한다. 억압적인 정부 덕분에 감독들은 에둘러 말하는 표현법을 터득했다고도 한다.

『신경 끄기의 기술』(2017)의 마크 맨슨은 한국 방문 소감을 담은 유튜브 영상(2024. 1월 게시)에서 "짧은 기간 한국의 급속 성장은 세계에서 한국이 가장 우울한 국가가 된 원인이다"고 진단한다.

승자만이 살아남는 사회에서 한국은 집단적인 정신건강 위기에
빠졌다는 것이다.

하지만 한국은 과학, 기술부터 영화, 음악, 스포츠까지 세계를
선도하는 놀라운 성과를 보여줬다고 말한다. 역사적으로 혼란과
어려움을 겪으면서도 '항상 길을 찾았다'면서, "드물지만 특별한
회복력을 보여줬다"고 강조한다. 그가 한국을 정말 좋아하는 이유
라며 덧붙인 결론이다.

놀라운 한국의 현대사

한국의 현대사는 빠르고 압축적이다. 다른 어떤 나라와도 비교
할 수 없을 정도로 놀라운 변화와 성장의 발자취를 남겼다. 일제
강점기와 한국 전쟁을 거친 1960년대 한국은 아프리카 수준의 최
빈국에 속했다. 분단과 이념 대결, 산업화와 고도성장, 민주화와
세계화라는 격변의 시기를 거치며 개발도상국을 넘어 50여 년 만
에 선진국 대열까지 진입하는 성과를 이뤘다.

고난의 현대사를 겪으면서 한국인의 경험과 감정은 깊고 다양

해졌다. 특유의 근면함과 성실성은 시대 변화에 재빨리 적응하는 역동성으로 작용하고, 다양한 분야에서 뚜렷한 성취로 표출된다. 1990년대 문화가 발전하고 한류가 태동한 배경이다.

| 1960년대
한국영화 전성기
최고의 인기
대중 오락 | 1970년대
한국영화 침체기
TV 등장과
문화 다양화 | 1980~1990년대
한국영화 격변기
시장 개방과 할리
우드 영화 직배 | 2000년대
한국영화 르네상스
한국적 리얼리즘
영화 모델 확립 |

한국 영화의 역사 개요 (참고: 고정민, 『문화콘텐츠산업의 이해』(2021))

한국 영화의 역사와 위기

한국 영화의 역사를 보면 작품의 면면이 화려하다. 영화 한류를 촉발한 강제규 감독의 〈쉬리〉(1999)부터 한국 영화의 위상을 단숨에 세계적인 수준으로 끌어올린 박찬욱 감독의 〈올드보이〉(2003), 세계 영화사의 정점을 찍은 봉준호 감독의 〈기생충〉(2019)까지, 셀 수 없이 많고 다양하다.

최근 한국 영화 위기론이 거론되고 있다. 팬데믹 이후 OTT 시대가 도래하면서 영화계가 겪는 심각한 후유증이지만, 〈기생충〉

이후 세계에서 주목할 만한 대표작이나 문제작이 드물다는 지적은 우려할 만하다. 그렇다고 위기론이 새삼스러운 일은 아니다.

역사를 돌아보면, 한국 영화 전성기는 1960년대. 영화는 남녀노소 모두가 좋아하는 최고의 대중오락이었다. 하지만 1970년대 TV의 보급과 다양한 문화·오락 시설의 등장으로 침체기에 빠진다. 1980년대 할리우드 영화의 직배 등 시장 개방과 자유화 물결은 한국 영화계를 위기로 내몰았다(이후 설상가상으로 한국 영화 의무 상영 제도인 스크린쿼터마저 축소되는 상황에 이른다.).

한국적 리얼리즘 영화의 탄생

한국 영화계는 절치부심, 돌파구를 찾아나가면서 체질 개선에 주력한다. 영화 한류의 시작은 1990년대 후반부터 2000년대 초반. 다양한 한국 영화의 모색과 질적 수준 상승이 집중적으로 이뤄진 시기다. 사실적이고 사회적인 성향을 띤 독특한 색깔의 한국 영화 모델이 만들어진다. 이른바 '한국적 리얼리즘' 영화다. 박광수, 홍상수, 이창동, 김기덕, 박찬욱 감독들의 활약이 두드러진다.

한국적 리얼리즘 영화는 단순화하면 개인보다는 공공, 예술적 미학보다는 사회와 시대성에 중점을 두는 경향을 말한다. 정치 · 사회 · 역사 등 한국 사회의 역동적 변화상을 독창적인 스타일 속에서 담아낸다. 분단과 남북 대치, 압축성장과 빈부격차, 민주화와 이념 갈등 등 뚜렷하고 차별화된 이야기는 누구도 따라올 수 없는 한국 영화만의 독보적 색깔이자 매력이라고 할 것이다.

2000년대 한국영화는 르네상스를 맞이한다. 활발한 제작과 투자, 관객 증가와 흥행 성공, 국제적 인정 등을 통해 진정한 의미의 산업 형태를 확립한 것이다. 영화적 · 산업적 · 사회문화적 의미에서 한국 영화의 생태계와 선순환 구조가 자리를 잡았다고 볼 수 있다.

영화의 위기는 반복되는 것일까. 팬데믹은 또 한 번 영화의 위기를 불러오고, 여전히 그 위기는 진행 중이다. 하지만 마크 맨슨의 지적처럼 우리는 또 길을 찾을 것이다. 지금까지 그랬던 것처럼.

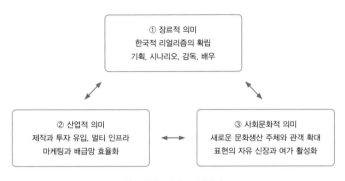

① 장르적 의미
한국적 리얼리즘의 확립
기획, 시나리오, 감독, 배우

② 산업적 의미
제작과 투자 유입, 멀티 인프라
마케팅과 배급망 효율화

③ 사회문화적 의미
새로운 문화생산 주체와 관객 확대
표현의 자유 신장과 여가 활성화

한국 영화 3가지로 이해하기

영화에서 배우는 인생

영화는 고단한 시대와 혼란스러운 사회를 반영한다. 압축성장과 격변의 민주화로 대표되는 한국의 현대사는 여느 나라와 비교할 수 없는 우리만의 독특한 경험과 스토리가 됐다. 힘겨운 삶을 살았지만, 역설적으로 문화적 자산과 자양분은 풍부하고 다양해졌다. K영화 콘텐츠의 차별화된 지점과 위치를 확보한 셈이다.

인간의 성장 과정도 유사하다. 우리는 자라면서 많은 시행착오와 우여곡절을 겪는다. 상처와 트라우마는 두고두고 인생의 쓴맛을 곱씹게 하지만, 이를 통해 우리는 세상을 배우며 한 단계, 두 단계 성장한다. 혼란과 방황의 시절을 겪으며 내면은 단단해지고, 자기만의 안목과 생존의 노하우를 축적하는 것이다. 그만큼 살아 있는 경험은 생생하고 직접적이다. 책이나 간접 경험으로 얻는 지식과는 근본적으로 다른 이유다.

오늘 힘들고 외롭다고 실의에 빠지거나 좌절하고 있을 수만은 없다. 위기와 혼란을 우리 인생의 디딤돌이나 버팀목으로 활용하는 지혜가 중요하다. 지금, 이 순간은 막막하더라도 잘 이겨내면 나만의 독특함과 차별화 포인트로 작용할 수 있다. 오늘도 나만의 에너지를 발산하며 새로운 시도와 도전에 나서는 모든 이를 응원한다.

6.

영화

영화를 보면서
딴생각하는 이유

일상의 친구 같은 영화

요즘 영화 보는 재미에 푹 빠졌다. 특히나 길고 무더운 여름을 나는 데 그만한 피서가 없다. 다른 계절에도 영화가 주는 특별한 기분은 언제나 우리를 새롭게 한다. 영화관 관람의 최고 매력 중의 하나라면 '조조영화'가 아닐까 싶다. 가격도 저렴하고 호젓한 분위기를 누릴 수 있어서다. 가끔은 서너 명일 경우도 있어 '황제 관람'이 따로 없다.

지역 도서관에서 운영하는 교양 강좌 중에 특히 영화는 인기가 높다. 소설이나 미술(화가), 철학 등 다양한 분야와 연결한 영화 강의도 있어 골라 듣는 재미가 쏠쏠하다. 수강 신청 전쟁이 벌어진다는 대학가 인기 강좌에 못지않게 마감이 빨라서 신청을 서둘러야 한다.

이런 인기는 영화가 그만큼 대중적이고 누구나 좋아하기 때문일 것이다. 즐길 만한 메뉴도 무궁무진하다. 시간 보내기용 오락 영화부터 진지한 예술영화까지 무척 다양하다. 취향이 특별해도 조금만 관심을 기울이면 입맛에 맞는 영화를 찾는 게 어렵지 않다. 시기를 놓치면 OTT나 다른 경로를 통해 보기도 쉬워졌다. 갈수록 어디서나 편리하게 이용할 수 있는 OTT 영화가 대세 같아서 영화의 위기가 거론되는 실정이다.

우리가 영화를 보는 이유

영화를 보는 이유는 사람마다 다를 것이다. 내가 영화에 빠진 이유는 무엇보다 '분위기 전환' 때문이다. 나는 일상 속의 소소한 변화, 그것도 안정 속의 새로움을 좋아한다. 너무 갑작스러운 것보다 적당한 변화와 설렘을 선호한다. 영화관에 가면 공간이 주는 안락감으로 기분이 느긋해진다. 여름이라면 북극 냉방 속에서 2시간여 쾌적한 피서를 즐길 수 있다. 팝콘이나 커피를 곁들이면

금상첨화. 영화의 재미에 편집이나 장면 전환이 중요한 것처럼 일상에도 분위기 전환은 필요하다.

영화가 주는 미덕 중에 '생각의 전환' 또한 크다. 별다른 변화가 없는 일상이 반복되면 느낌이나 감각도 무덤덤해지기 마련이다. 영화 속에는 천변만화의 세상이 펼쳐진다. 시공간을 넘나드는 다양한 인물 군상이 등장하고, 때로 기상천외한 이야기가 전개된다. 인생을 '영화처럼 살라'는 말이 있지 않은가. 늘 영화 찍듯이 살 수는 없지만, 우리들 인생에도 영화처럼 다채롭게 빛나는 순간이 있다.

영화는 남의 이야기 같아도 사실은 모두 사람 이야기다. 최고 행운은 우리들 삶에 관해 말을 거는 영화를 만나는 것이다. '영화로 배우는 인문학' 강좌에서 안혜숙 영화연구자는 말한다. 영화만 보지 말고 영화 밖을 잘 살펴봐야 한다고. 영화에만 머물지 말고 우리 앞의 현실을 물어야 한다는 의미다. 영화 보면서 자꾸 딴생각해야 하는 이유다. 미술관에 가면 눈앞에 보이는 그림만이 아니라, 그림 너머에 숨어있는 세계를 떠올리는 것과 같은 이치다.

여기, 우리 삶에 말을 거는 영화들

2023년 여름에 본 〈콘크리트 유토피아〉는 비현실적인 설정의 재난영화다. 어느 날 대지진으로 붕괴한 도시에서 유일하게 살아남은 아파트와 그 주민들의 이야기다. 영화 속 이야기 같지만, 보는 재미와 함께 묵직한 질문을 던진다. 1990년대 노래방 최고의 애창곡인 윤수일의 〈아파트〉가 이병헌의 입을 통해 멋들어지게 흐를 때는 '중산층의 자부심'처럼 흥이 넘친다.

요즘 우리 주변을 둘러보면 아파트 단지든 어디든, 울타리가 생기거나 외부인 출입 금지 팻말이 늘어난다. 영화는 이같이 나와 타자를 구분하고 분리하려는 움직임이 첨예하게 드러난다. 갈수록 각박해지는 현대사회를 풍자하는 대목이다. 하지만 재난이라는 특수한 상황 속에서 묻는 인간의 생존조건은 그리 간단치 않다. 선한 의도는 모두 좋은지에 대한 문제를 환기한다.

영화를 보고 나면 우리의 현실에 관한 질문을 떠오르게 하는 영화, 그런 영화는 좋은 영화다. 〈콘크리트 유토피아〉는 한국을 대표해 아카데미 외국어 영화상 부문에도 출품됐다.

K컬처가 잘나가는 이유

문화는 '사람들이 살아가는 이야기'의 다른 이름이다. 〈기생충〉, 〈오징어 게임〉에 이어 영화, 드라마 등 한국의 콘텐츠가 세계적인 인기를 이어가고 있다. 한국의 문화는 언제나 우리 삶의 문제를 질문해 왔다. 한국 창작자들은 늘 스크린 밖을 잊지 않기 때문이다.

봉준호 감독은 칸영화제 당시 인터뷰에서 "〈기생충〉이 너무 한국적인 상황의 문제가 아닐까?" 걱정했다고 한다. 근데 영화를 본 외국인들이 "우리 상황과 똑같다"고 이구동성으로 얘기해서 놀랐다고 덧붙였다. 빈부격차와 양극화, 현대 자본주의의 계급 모순과 갈등, 그 안에서 힘겨워하는 사람들을 설득력 있게 그려냈기 때문이다.

한국 영화는 우리의 현실을 외면하지 않고 늘 창작의 원천과 소재로 삼았다. 우리의 고단한 역사와 이념 대립, 산업화와 민주화라는 격변의 시대를 사는 사람들의 분투를 역동적으로 그려냈다. 바로 '한국적 리얼리즘'이 꽃피운 배경이고, 세계인들이 열광한 이유다.

K컬처의 강점은 이렇듯 '재미 속에 의미'를 녹여낸다. 한국이라는 특수한 상황 속에서 인류가 공감할 만한 보편적인 포인트를 콕 잡아낸다는 뜻이다. 우리의 현실을 직시하고 주변을 돌아보게 만드는 힘, 좋은 영화와 콘텐츠가 주는 선물이다.

7.

K드라마,
게임 체인저로 날개를 달다

한국 드라마의 이해

방송 드라마는 한류와 K컬처를 이끌어온 3대 분야로 꼽힌다. 1997년 중국의 CCTV를 통해 처음 방영된 한국 드라마 〈사랑이 뭐길래〉가 크게 히트하면서 드라마 한류가 시작된다.

그 역사는 화려하다. 〈겨울연가〉(2002)는 순수한 사랑에 대한 동경과 욘사마(배용준) 붐을 일으키며 일본에서 한류 열풍의 불을 지핀다. 〈대장금〉(2003)은 중동을 중심으로 아시아 전역에서 폭발적 인기를 끌며 한류 확산의 견인차 구실을 한다. 한국 드라마의 성공 계보는 〈오징어 게임〉(2021)이 세계 최고 권위를 자랑하는 에미상 6개 부문을 석권함으로써 미국 주류시장의 공인을 받으며 그 정점에 오른다.

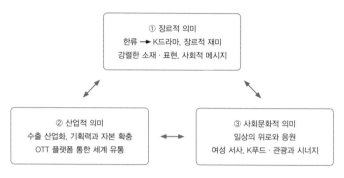

① 장르적 의미
한류 ➝ K드라마, 장르적 재미
강렬한 소재 · 표현, 사회적 메시지

② 산업적 의미
수출 산업화, 기획력과 자본 확충
OTT 플랫폼 통한 세계 유통

③ 사회문화적 의미
일상의 위로와 응원
여성 서사, K푸드 · 관광과 시너지

K드라마 3가지로 이해하기

한국 드라마의 성공 포인트

한국 드라마가 이처럼 인기를 끄는 이유는 뭘까. 심두보는 『한류가 뭐길래』(2024)에서 한국의 방송 드라마 산업은 미국의 드라마 문법과 일본의 만화와 애니메이션, 홍콩 영화의 영향 속에서 점차 한국형 드라마의 특성을 구축한 것으로 평가한다. 서사적 우수성과 다양성, 스토리의 짜임새와 재미, 뛰어난 연기 등 지역성과 세계성을 동시에 충족하는 차별화된 경쟁력을 갖추기 시작한 것이다.

다양한 성공 요인 중에는 '여성 서사'도 꼽힌다. 대표적인 한류 드라마 〈대장금〉은 유교적 보편성 위에 한 여성의 감동적인 성공담을 담았다. 신분과 직업, 특히 성차별을 극복한 공감 스토리텔링으로 열렬한 호응을 받았다. 이란을 비롯한 중동지역에서 큰 인기를 끈 이유다.

K드라마의 여성 중심 서사는 시대적 상황의 변화와 맥을 같이한다. 〈파리의 연인〉, 〈꽃보다 남자〉 등 여성들의 로맨틱한 판타지를 충족하기도 하지만, 〈내 이름은 김삼순〉, 〈황진이〉처럼 사회경제적으로 독립적 주체로 떠오른 강인한 여성이 서사를 주도한다. 〈닥터 차정숙〉이나 〈더 글로리〉처럼 최근에도 성공의 역사는 계속 이어지고 있다. 〈사이코지만 괜찮아〉의 김수현, 〈옷소매 붉은 끝동〉의 이준호처럼 남자 배우의 눈물 연기도 많아져 눈길을 끈다.

한국 드라마, OTT라는 날개를 달다

OTT 플랫폼과의 만남은 K드라마의 '게임 체인저' 역할을 했다. 1세대 한류드라마는 주로 국내 지상파 방송사가 제작해 수입국의 방송사로 수출하는 구조였다. 2010년대 중반 이후 새로운 유통창구로 부상한 OTT 플랫폼은 K드라마의 글로벌 확산과 성공에 절대적이고 결정적인 역할을 한다.

OTT와 한국 드라마의 결합은 엄청난 시너지 효과로 이어진다. OTT는 새롭고 매력적인 콘텐츠의 보물창고를 얻는 한편, 한국 드라마는 대규모 자본과 전 세계 시장이라는 거대한 날개를 달게 된 덕분이다. 이제 한류드라마를 벗어나 'K드라마'라는 새로운 이름이 등장한다. 가족이나 청춘남녀 중심의 이야기에서 다양하고 강렬한 스토리와 메시지로 크게 업그레이드된다. 아시아 시장을 넘어 전 세계에서 큰 인기와 반향을 일으키는 점도 고무적이다.

(한류드라마)	2010년대 중반 이후	(K드라마)
아시아 지역 중심	OTT 활용	세계시장 대상
달달한 공감 스토리	+ 제약 극복	강렬한 소재표현과 메시지
가족, 로맨스, 코미디물	(제작비, 소재 · 표현)	공포물, 스릴러, 장르물
〈사랑이 뭐길래〉, 〈겨울연가〉,		〈킹덤〉, 〈지금 우리 학교는〉,
〈별에서 온 그대〉		〈오징어 게임〉, 〈더 글로리〉

한국 드라마의 변천 과정

세상을 바꾸는 건 게임 체인저

게임 체인저는 어떤 상황을 게임이라고 볼 때 전체 판도를 바꾸는 사건(발상)이나 사람을 말한다. 세상을 살면서 종종 듣거나 만난다. 우연이나 인연이 작용하는 경우가 많지만, 준비된 자에게는 운 좋은 기회처럼 올 수도 있다. 특히 시장이나 고객의 눈길을 사로잡아야 하는 비즈니스 세계에서는 꼭 필요하다.

때로는 상식을 거스르며 멀리 내다보고 갈 필요도 있다. 봉준호 감독이 2017년 극장이 아니라 넷플릭스에 선공개한 영화 〈옥자〉를 제작할 당시 많은 논란과 비판, 의구심이 일었다. 지금 생각해보면 시대 상황이 어떻게 바뀌는지를 내다본 결정이었다고 생각된다. 넷플릭스는 결국 K콘텐츠의 게임 체인저로 작용했다.

인생의 게임 체인저를 찾아보니

인생을 살면서 많은 일을 겪는다. 예기치 못한 상황이나 사건에 휘말리기도 한다. 어떤 순간 우리의 인생이 뜻밖에 크게 바뀌는 일도 생긴다. 좋은 일로도, 그렇지 못한 일로도 인생의 변곡점이나 분기점을 맞닥뜨리기도 한다.

내 인생을 돌아보면, 새롭게 맞닥뜨린 '낯선 세상 자체'가 게임
체인저가 아니었을까 싶다. 토박이처럼 한곳에서 산 게 아니라 나
는 인생의 단계마다 이동이 잦았다. 산골에서 소도시로, 광역시를
거쳐 특별시까지 생활 근거지를 옮겨 다녔다. 해외에서 연수 생
활을 하고 상당 기간 국제업무를 접하며 다른 세상을 경험한 적도
있다.

서울에 처음 온 20대에 나는 세상을 모르는 조용한 학생이었다.
넓은 세상이 주는 충격은 내 삶의 큰 자극이자 도전이고, 중요한
동력이 됐다. 인간은 본능적으로 생존 감각이 있는 것 같다. 나는
조금씩 적응하면서 살길을 찾아나갔다. 지방 출신의 한계를 마주
한 후엔 공무원 시험을 준비했고, 평생 공직 생활을 하게 됐다.

영국에서 연수 생활을 할 때 받은 문화적 충격도 잊을 수 없다.
완전히 딴 세상에 온 것 같았다. 30대 후반에 잘 되지도 않는 영어
로 수업과 토론에 참여하고 과제를 제출하는 일은 고역이었다. 하
지만 인간은 또한 적응의 동물, 많은 한국인 유학생처럼 눈치코치
보며 수업을 따라갔고 학위도 무사히 받을 수 있었다. 귀국한 이

후 나는 공부에 재미를 붙였고 박사과정에 진학했다.

자신의 길을 꾸준히 간다면

퇴직한 지금엔 '제2의 인생'이라는 경험해 보지 못한 판 자체가 새로운 게임 체인저가 됐다. 이제 과거에서 벗어나는, 또 다른 인생을 살아보려 한다. 예전의 틀에 박힌 관성적인 문법은 잊고, 다가오는 상황에 유연하게 적응하는 자유인 생활이 목표다. 안 해본 것을 많이 해보고, 해본 것은 새롭고 다른 방식으로 바라보는 게 요즘 나의 일상이다.

자신의 인생을 바꾸는 게임 체인저를 만날 수 있다면 행운이다. 크든 작든 누구에게나 그런 순간, 그런 기회는 올 것이다. 자신의 길을 꾸준히 걸어간다면 인연처럼, 은인처럼 그런 게임 체인저를 만나게 되지 않을까.

8.

오늘,
일상을 위로하는 친구

세계가 주목한 성난 사람들

넷플릭스 드라마 〈성난 사람들(BEEF)〉이 큰 화제를 불렀다. 보복 운전에 관한 에피소드를 10부작 블랙코미디에 담은 작품으로, 2024년 1월 열린 제75회 미국 프라임타임 에미상에서 8관왕을 휩쓸었다. 특히 눈길을 끈 이유는 이성진 감독과 주연배우 스티븐 연이 한국에서 태어나 미국으로 이주한 이민 1.5세대라는 사실이다. 자연스레 한국의 문화적 감성이 드라마 곳곳에 담겼다.

이 작품의 에미상 쾌거는 여러 가지로 의미가 크다. 먼저 이야기의 주인공이 소수 민족인 아시아계, 그들의 목소리를 미국 주류 사회가 수용한 점이 시선을 끌었다. 그간 '만만하게 당하는 화풀이 대상'이었던 소수 아시아계가 삶의 애환을 여과 없이 드러내는 주체적 입장으로 그려졌다. 2023년 중국인 이민자를 다룬 영화 〈에브리씽 에브리웨어 올 앳 원스〉가 아카데미 시상식에서 작품상, 감독상 등 7관왕을 차지한 것과도 맥을 같이한다.

우리들의 목소리, 일상의 이야기

또한 현대 사회를 사는 사람들의 리얼한 모습을 설득력 있게 잘 표현했다는 점이다. 보복 운전 같은 상황에서 분노를 표출하는 건 우리 주변에서 볼 수 있는 흔한 일상이다. 누구나 쉽게 빠져들면서 공감하게 만든 작품의 흡인력이 큰 반향을 일으켰다.

드라마는 우리의 일상을 이야기한다. 외롭고, 힘들고, 분노하는 사람들의 목소리를 대변한다. 동시에 드라마는 그 시대의 정서와 욕망을 보여준다. 시대에 부대끼는 사람들의 다양한 모습이 투영되기 때문이다. 일상에 찌들고 삶에 지친 우리들을 위로하는 드라마, 모두가 좋아하고 열광하는 이유가 아닐까.

K드라마, 어디로 갈 것인가

한국은 드라마와 콘텐츠 강국으로 떠올랐다. 1997년 드라마 〈사랑이 뭐길래〉의 중국 인기로 시작한 한류는 영화 〈기생충〉 (2019)과 〈미나리〉(2021), 드라마 〈오징어 게임〉(2021) 등이 연달아 히트하면서 세계인들의 주목과 찬사를 받았다. 하지만 2023년 이후 드라마 시장은 혼란과 위기라는 말이 많다. OTT 등장 이후 제작 편수는 늘었지만, K콘텐츠에 낀 거품이 빠지면서 함량 미달의 작품이 쏟아졌다는 평가가 따른다.

중요한 건 사람의 마음을 끌어들이는 서사. 동시에 시청자들을 감정 이입하게 하는 이야기의 구성이 탄탄해야 한다는 것이다. 화려하거나 볼거리가 많다고 성공하는 건 아니다. 우리의 이야기를 풀어내는 게 필요하다고 지적한다. 물론 〈더 글로리〉, 〈무빙〉 등 뛰어난 작품도 많았다.

2024년은 예정된 라인업이 화려하고 기대를 받는 작품이 많다. 〈피지컬: 100〉에 이어 〈지옥〉, 〈경성크리처〉, 〈오징어 게임〉 등 세계적인 화제에 오른 작품들의 시즌2가 줄을 잇는다. 이뿐만 아니라, 글로벌 팬덤의 이목을 사로잡을 다채로운 신작들도 대거 등장한다. K콘텐츠 강국의 인기와 위상을 이어갈지 궁금해진다.

드라마는 영화와 함께 콘텐츠와 이야기 산업의 핵심을 차지한다. 영화는 영상과 비주얼 중심의 강렬한 효과가 특징이라면, 드라마는 우리 주변의 소소한 일상과 다양한 삶의 이야기가 중심이다. 분량이 긴 시리즈물이 기본이라 인물의 대화와 감정 연기, 폭넓은 세상의 모습을 다채롭게 보여줄 수 있다. 우리 역사와 사회가 가진 역동적인 변화상만큼 K드라마의 현재와 미래 또한 무궁무진한 가능성을 기대하게 한다.

	영화	드라마
제작 형태	2시간 내외 단막극	시리즈물, 연속극
영상과 서사	영상과 비주얼 중심(full shot) 짧고 굵게 메시지 전달	인물의 감정 연기 중심(클로즈업) 표정과 대화, 다양한 이야기 전달
표현과 연출	감독의 연출력 중요 영상, 배경, 미장센	작가의 대본 편집력 중요 정형화된 문법, '절단 신공'이 핵심
소비방식	영화관(유료), 마니아층 선호, 큰 화면. 사운드, 공간 체험	TV/OTT(무료 또는 저렴), 대중 선호, 일상적이고 편리한 시청 환경

영화와 드라마의 비교

드라마에서 배우는 인생

인기 많은 친구가 있다. '드라마 마니아'인 그는 만날 때마다 재미난 멘트로 사람들을 즐겁게 한다. 모임은 그 친구 덕분에 활기가 돌고, 다들 둘러앉아 낄낄거리며 웃는 일이 잦다. 어쩌면 그렇게 감(센스)이 좋으냐고 물으니, 답이 흥미롭다. "웬만한 건 드라마에 다 있다. 우리 이야기를 하니까 보고 있으면 저절로 몸에 배게 된다" 물론 그의 타고난 순발력 덕분이겠지만, 드라마가 얼마나 우리의 일상을 잘 보여주는지 실감이 난다.

2023년 넷플릭스 드라마 〈정신병동에도 아침이 와요〉는 어떤 경계를 넘나드는 사람들의 일상을 그려 잔잔한 화제와 호평을 받았다. 힘겨운 현실을 버티는 모든 이들을 향한 응원의 메시지가 담겼기 때문이다. 정신병동 이야기인데 묘하게 '내 직장 생활 같다'는 후기도 달린다. 자살생존자와 관련한 이야기를 하면서 의사가 말한다. "우리는 그냥 생존자입니다. 현재진행형인 사람들이에요. 그러니 멈추지 말고 오늘을 살아가야 합니다"

갈수록 거창한 것이 중요하다는 생각은 희미해진다. 이제는 나의 이야기, 일상의 이야기가 힘이 되고 의미가 새로워진다. 드라마는 그런 의도에 가장 가까운 장르가 아닐까 싶다. 좋은 드라마는 우리의 일상을 위로하며 상처를 어루만진다. 때로 외롭고 현실이 막막할 때 친구 같은 존재가 된다. 우리의 고단한 삶을 응원하는 친구, 예나 지금이나 드라마가 계속 사랑받는 이유가 아닐까.

누구나 나만의 이야기, 자신만의 드라마를 만들며 산다. 지금, 이 순간 우리의 삶은 '현재진행형'이다. 오늘을 살아가는 그 이야기, 어떤 흥미진진한 순간이 펼쳐질지 자못 궁금해진다.

3장

K컬처,
기초와
확산까지

1.

한국 최초 노벨문학상의
3가지 의미

한국 최초의 노벨문학상

대한민국 최초의 노벨문학상 수상자가 나왔다. 2024년 10월 10
일은 우리 문학사뿐만 아니라 역사에서도 잊지 못할 날이 됐다.
한강 작가의 노벨문학상은 아시아 여성으로는 최초이고 아시아인
으로는 5번째, 121명의 수상자 중 5번째로 젊은 작가라고 한다. 스
웨덴 한림원에서 날아온 희소식에 대한민국은 순식간에 기쁨과
환호로 축제 분위기에 빠져들었다. 전 세계 또한 한국의 작가가
세계적 권위의 노벨상을 받은 것에 높은 관심을 보이고 있다.

최초의 노벨문학상, 그 의미를 3가지로 살펴본다. 작가 자신의
뛰어난 성취만이 아니라 K컬처와 한국 사회에 특별한 의미가 있

다. 우리 역사와 공동체의 삶 등 국가적 자산이 모두 담긴 소중한 결실이기 때문이다.

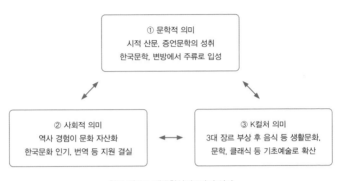

① 문학적 의미
시적 산문, 증언문학의 성취
한국문학, 변방에서 주류로 입성

② 사회적 의미
역사 경험이 문화 자산화
한국문화 인기, 번역 등 지원 결실

③ K컬처 의미
3대 장르 부상 후 음식 등 생활문화,
문학, 클래식 등 기초예술로 확산

한국 최초 노벨문학상의 3가지 의미

(1) 문학: 특유의 시적인 산문이 보여주는 놀라운 성취

먼저 문학적 성취가 꼽힌다. 스웨덴 한림원은 선정 이유로 "역사적 트라우마에 맞선 강렬한 시적 산문"이라고 밝혔다. 작가 특유의 시적이고 실험적인 스타일의 작품으로 현대 산문의 혁신가가 됐다는 점이 높게 평가받았다. 한강의 글은 섬세하고 밀도 높은 문장으로 유명하다. 간결하면서도 은유적이고 함축적인 표현은 문학적인 매혹이 무엇인지를 보여준다. 한강 작품을 프랑스어로 번역한 피에르 비지우는 "그의 문장은 악몽마저 서정적 꿈으로 만들어… 문학 지평을 넓혔다"고 평했다.

주제 의식 측면에서 작가는 폭력성, 가부장제, 인간애 등의 문제를 다양하게 탐구하면서, 역사적 트라우마에 정면으로 맞선다. 우리 안의 폭력성을 고발하면서도 서정적 문장을 통해 독자를 치유의 서사로 이끈다. 잔혹한 현실을 생생하게 그려내면서 동시에 희생자에게 인간의 목소리를 부여한다. '증언문학(witness literature)'의 새로운 경지를 개척했다는 게 한림원의 언급이다.

결론적으로 한강은 미학적 실험과 함께 인간 삶의 근원에 도달하는 데 성공한다. 작품성과 역사성, 예술성과 사회성이라는 어려운 과제를 자신만의 독특한 작품 세계로 선보인다. 한국의 특수성에서 출발했어도 어떤 경계를 넘어 세계가 공감하는 보편적 수준에 이르렀다. 한국 문학이 변방에서 주류로 올라섰다는 의미도 크다.

(2) 사회: 격동의 역사적 경험이 문화 자산임을 확인

한강의 작품은 개인의 성취를 뛰어넘는다. 한국 문학계의 축적된 자산이 반영된 것이고, 한국의 문화적 역량이 총체적으로 표출된 것이다. 한 개인의 영광을 넘어 대한민국 전체가 축하하고 환호하는 건 당연한 일이다.

작가는 "나는 한국 문학과 함께 자랐다"고 말했다. 혼자가 아닌 한국 문학 100년의 전통과 역사가 그의 문장에 담겼고, 선배 문인들의 문화유산을 자양분으로 삼았다. 격동의 역사를 거치며 고통받은 사람들의 눈물과 고통, 피땀이 묻은 것이다. 작가의 인생을 바꾼 건 아버지인 작가 한승원이 가져다놓은 '5·18 광주'의 사진첩이라고 알려진다. 한강은 "열세 살 때 본 그 사진첩은 내가 인간에 대해 근원적 질문을 하게 된 비밀스러운 계기가 됐다"고 밝혔다. '5·18 광주', '4·3 제주' 등 한국사에서 중요한 역사적 사건을 정면으로 다루며 끈질기게 자신만의 길을 개척한 것에 경외감이 일어나는 대목이다.

K컬처는 역사적 경험이 문화적 자산으로 발전하는 공통점을 보인다. 분단과 이념 대결, 민주화와 산업화라는 한국 사회의 특수

성은 한국의 영화와 드라마, K콘텐츠에서 현실을 드러내는 강렬한 문제의식으로 작용했다. '한국적 리얼리즘'이 세계 문화계의 시선을 끌고 반향을 일으킨 것이다.

최초의 노벨문학상은 변방의 나라인 한국, 소수어인 한국어라는 약점을 이겨냈다는 점에서도 의미가 크다. 언어가 매개인 문학은 그만큼 세계적 소통과 이해에 걸림돌로 작용한다. 〈기생충〉과 〈오징어 게임〉이 1인치의 장벽('자막')을 이겨냈지만, 문학은 몇 배의 어려움이 있어 '번역'의 역할이 결정적이다. 수많은 번역가와 한국문학번역원, 대산문화재단 등의 꾸준한 번역 노력이 성과를 거뒀다는 점도 의미 있다. 한국 문학의 언어가 세계 시민의 언어로 인정받은 뜻깊은 순간이 됐다.

K컬처의 부상과 확산 – 생활문화와 기초예술까지

(3) K컬처: 대중문화에서 생활문화와 기초예술로 확산

문학 분야에서 세계 최고 권위의 상을 받은 것은 K컬처 측면에서도 꿈같은 일이다. 이번 수상은 한국의 국력과 한국 문화의 높아진 위상이 반영됐다는 지적이 많다. AP통신은 "〈기생충〉, 〈오징어 게임〉, BTS처럼 한국 문화의 세계적 영향력이 커지고 있음을 보여준 것"이라고 전했다.

K컬처는 1990년대 동아시아에 일어난 한국 문화의 인기를 출발점으로 본다. 팝, 영화, 드라마와 같은 대중문화가 주도하면서 아시아를 넘어 세계로 파급되기 시작했다. 2020년 전후 K컬처 3대 분야는 세계의 공인을 받으며 화려하게 부상한다. 이후 음식, 뷰티, 관광 등으로 인기를 이어갔고, 마침내 문학 분야에서 정점을 기록하게 됐다. 최근 클래식, 미술, 뮤지컬 등 또한 인기가 높아지는 상황이다.

문학은 문화의 기초이자 정수로 꼽힌다. 언어와 텍스트를 기반으로 모든 문화예술의 뿌리를 형성한다. 그만큼 한 나라의 정체성과 핵심이 담긴다. 스포츠의 경우 과거 권투, 레슬링 같은 투기가 우리의 주 종목이었다. 이후 구기가 부상했고 지금은 기초 스포츠인 육상과 수영에서 메달을 딸만큼 비약적으로 발전했다. 문학의 최고상 수상 또한 자연스러운 문화 성장의 흐름 속에서 우리가 마침내 이룬 성취라는 생각이 든다. 문학 분야의 노벨상은 K컬처가 성숙의 단계에 진입했다는 뜻으로도 읽힌다.

생활 속에서 실천하는 게 중요하다

하지만 마냥 낙관할 수만은 없다. 한국 최초의 노벨문학상 수상은 우리에게 무거운 과제도 던진다. "한국인들은 책을 읽지 않으면서 노벨문학상에만 관심이 있다"는 말이 있다. 한국인 10명 중 6명은 일반 도서를 연간 한 권도 읽지 않는다고 한다(2023 국민독서실태 조사). 갈수록 '읽는 사회'에서 '보는 사회'로 바뀐 시대적 흐름과 환경 탓도 있겠지만, 씁쓸한 현실이다.

수상을 계기로 문학과 독서에 대한 관심이 살아나고 사회적 열풍으로 확산했으면 하는 바람이 크다. 문학과 출판, 독서가 선순환으로 발전하는 저변과 생태계 확립도 중요한 과제다. 국제적으로 주목받는 작가들의 수상 소식도 이어지길 기대한다.

최초의 노벨문학상 수상은 우리에게 큰 전환점이 될 것으로 기대된다. 중요한 건 계속해서 한국의 문학과 문화예술의 창조적 다양성을 보여주는 일이다. K컬처가 대중문화와 생활문화, 기초예술까지 거의 모든 분야에서 세계적인 주목을 받으며 화제에 오르고 있다. 이런 분위기가 지속할 수 있도록 우리가 모두 관심과 지혜를 기울여야 할 때다. 우선은 가까이 있는 책부터 펼쳐보는 게 좋겠다. K컬처는 우리 일상과 먼 곳에 있지 않다.

2.

클래식

문화도 인생도
기초가 중요하다

지금 K클래식을 주목하는 이유

이제 '클래식 강국 한국'이라는 말이 낯설지 않다. 최근 들어 국제콩쿠르에서 한국인이 우승하거나 뛰어난 성적으로 입상하는 게 놀라운 뉴스가 아니기 때문이다. 유럽인이나 미국인이 한국의 국악대회에서 우승한 셈이라고나 할까. 꿈같은 일이다. '클래식의 심장'이라고 하는 뉴욕의 카네기홀, 메트로폴리탄 오페라극장 같은 주요 공연장의 2024년 일정에는 한국 음악가들의 이름이 빼곡하게 들어차 있다.

K팝을 주도하는 건 아이돌 그룹이다. 청소년들에게 우상과 같은 존재로 대중문화의 스타급 연예인들에게나 있는 현상으로 생

각하기 쉬운데, 엄연히 클래식계에도 아이돌이 있다. 요즘 피아니스트 조성진이나 임윤찬의 연주회는 티켓을 오픈하자마자 1분 만에 매진될 정도로 인기 폭발이다. 팬덤의 열기가 K팝 스타 못지않게 뜨겁다.

아이돌이 1800년대부터 있었다고?

많은 음악 평론가들이 아이돌 팬덤의 시초로 프란츠 리스트(1811~1866)를 거론한다. 동갑내기인 쇼팽과 함께 역사상 가장 위대한 피아니스트로 꼽히는 리스트는 혁신적인 작곡, 화려한 연주 기법으로 '피아노의 왕'이라 불린다.

금발에 185cm의 큰 키와 뛰어난 외모, 패기 넘치는 카리스마로 리스트는 연주회마다 매진 행렬을 기록하며, 많은 여성 팬의 인기를 몰고 다녔다고 한다. 장갑을 벗어 던지면 객석이 아수라장이 될 정도로 그 자신이 쇼맨십과 팬덤을 즐겼다고도 전해진다.

대표곡 중에 이탈리아어로 '작은 종'이란 뜻의 〈라 캄파넬라〉가 있다. 파가니니의 유명한 바이올린 협주곡을 리스트가 피아노 버전으로 작곡한 곡이다. 절정의 기교와 난이도를 보여주는 강렬한 곡으로 유명하다. 블랙핑크의 2022년 히트곡 〈솃다운〉은 〈라 캄파넬라〉를 샘플링(어떤 곡의 일부를 자신의 음악에 편집 재배치하는 것)해 곡의 매력과 친숙도를 높인다. 이처럼 K팝의 노래 중에 클래식을 샘플링한 사례가 늘고 있다. (여자)아이들 또한 비제의 오페라 〈카르멘〉의 〈하바네라〉를 샘플링한 곡인 〈누드〉를 선보여 반향을 일으켰다.

문화의 기초를 살펴보면

문화를 3가지 키워드로 정리해 보면 예술(작품), 지성과 교양, 라이프 스타일이다. 가장 좁게는 문학, 미술, 음악 같은 순수예술, 기초예술을 뜻하는데, 시대가 변화하면서 범위도 확장된다. 지성과 교양을 뜻하다가 20세기 문화인류학의 시각을 반영해 인류의 총체적인 생활양식, 라이프 스타일 전반을 의미하게 됐다.

기초예술, 순수예술은 모든 문화예술 분야, 다양한 장르의 바탕을 형성한다. 육상이나 수영을 기초 스포츠라고 말하는 것과 같다. 세계의 문화강국은 한결같이 저변 인프라가 강하다. 그래야

응용과 활용이 쉬워지는 법이다. 문화나 스포츠 선진국은 하루아 침에 이뤄지지 않는다. 특히 클래식 같은 순수예술에서는 개천에 서 용 나기가 어렵다고 말하는 이유다.

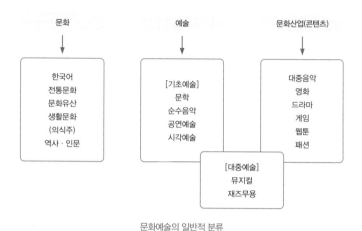

문화예술의 일반적 분류

기초까지 파고드는 한국의 저력

음악 중에서도 역사가 깊고 서구의 전유물 같은 클래식에서 한 국이 강국으로 부상한 것은 놀라운 일이다. 벨기에의 음악 전문가 이자 다큐멘터리 감독인 티에르 로로는 "왜 국제콩쿠르에 한국이 강할까?"라는 의문을 품고 2편의 다큐를 제작했다. 2012년 〈한국 클래식의 수수께끼〉와 2021년의 〈K클래식 제너레이션〉. 지난 20여 년간 한국인 약 700명이 국제콩쿠르 결선에 진출하고 110명이 우승했다고 한다. 2009년 퀸 엘리자베스 콩쿠르의 경우 한국인 연주자는 1라운드의 40%, 결선 진출자 12명 중 5명을 차지했을 정도다.

한국 클래식이 열풍을 일으킨 이유는 무엇일까. 티에르 로로는 감정 표현을 주저하지 않는 한국인의 열정, 성공한 선배들이 가져다준 롤모델의 영향, 특유의 영재교육 시스템을 꼽았다. 유수의 언론과 많은 전문가 또한 다양한 이유를 제시한다. 역시 3가지로 정리해 보면 한국의 교육시스템, 한국인의 에너지와 경쟁 DNA, 기업과 정부의 지원으로 요약할 수 있다.

1990년대부터 유행한 '자녀들에게 악기 하나, 운동 하나씩 가르치는' 한국의 교육 풍토는 클래식 강국의 밑거름이 됐다. 5조 원에 이르는 예술 사교육 시장(동네 학원)을 통해 손열음, 조성진, 임윤찬 같은 예술 영재들이 발굴됐기 때문이다. 경쟁과 생존에 익숙하고 그 속에서 열정과 에너지를 발산하는 한국인들의 성장 방식과 문화는 K팝에서 쉽게 확인할 수 있다. K클래식에서도 결실의 원동력은 마찬가지. 학교와 민간 기업, 정부가 3박자를 이뤄 예술

영재를 발굴하고, 국가 사회적인 지원과 투자를 계속한 것은 한국의 특별한 성취 역량으로 표출됐다.

아직 갈 길은 멀다

한국이 클래식 강국으로 부상하고 있지만 사실은 갈 길이 멀다. '콩쿠르 강국'이라고 해야 정확한 표현이다. 한 분야가 지속 가능하기 위한 선결과제로 흔히 '생태계'를 든다. 창작과 제작, 유통과 배급, 소비와 교육 등이 선순환을 이루며 굴러갈 수 있도록 시스템이 갖춰지는 것을 말한다.

대중음악(K팝)이나 영화, 방송 드라마는 대중화가 빠른 분야로 산업 생태계가 정착한 이후 한류와 K컬처 단계로 진화했다. 하지만 기초예술, 순수예술은 대중성이 약한 분야라 산업화가 더딜 수밖에 없다. 연주나 공연만으로 생계가 가능하고 창작부터 소비와 교육까지 순환할 수 있어야 한다. 산업화 가능성에서 차이가 크지만, 기획사와 자본력, 해외 시장까지 삼박자를 갖춘 K팝 생태계가 벤치마킹 사례가 될 수 있다. 저변과 인프라가 강화돼야 하고 해외 시장으로의 확장도 필요하다.

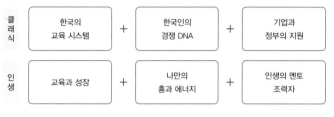

| 클래식 | 한국의 교육 시스템 | + | 한국인의 경쟁 DNA | + | 기업과 정부의 지원 |
| 인생 | 교육과 성장 | + | 나만의 흥과 에너지 | + | 인생의 멘토 조력자 |

K클래식에서 배우는 인생

K클래식에서 배우는 인생

K클래식의 성공 요인은 우리 인생의 성공 방식을 돌아보게 한다. 가장 중요한 것은 교육과 성장이다. 사람의 인생을 좌우하는 것은 성장하는 과정에서 배우고 깨친 삶의 자양분이다. 자신만의 축적된 지식과 경험은 긴 인생을 사는 데 나침반이 되고 등대가 될 수 있다.

두 번째로 중요한 것은 나만의 흥과 열정, 삶의 동력이 되는 에너지다. 학교와 사회생활은 밀림 같은 세상에서 생존의 길을 찾는 것과 같다. 경쟁은 불가피하고 고난과 시련은 끊임없이 나를 시험한다. 하지만 우리는 살아남아서 자기 세상을 하나씩 만들어가는 것이다.

마지막으로 인생의 멘토를 만나는 것이다. 우리는 긴 인생 여정에서 많은 사람을 만난다. 때로 빌런과 맞닥뜨리기도 하지만, 은인과 조력자를 만나기도 한다. 멘토의 지혜를 자기 것으로 만들면 그 사람의 인생은 어느 순간 꽃을 피운다. 어느 분야에서든 정성을 다하면 좋은 인연과 만날 가능성이 높아지는 게 인생이다. 모든 것의 출발은 기초다. 그 기초는 평범한 나의 일상에서 시작한다.

3.

치킨과 라면,
K푸드가 아니었다

한국 음식의 세계적 인기

갈수록 K푸드 인기가 거침없다. 구글이 발표한 2023년 최다 검색 레시피(음식 조리법) 부문에서 비빔밥이 1위를 차지했다. 비빔밥은 같은 '밥' 문화권인 일본이나 중국에는 없는 독특한 음식이다. 손쉽게 만들어 먹을 수 있는 데도 3대 영양소가 고루 담긴 균형식이다. '음식과 약은 뿌리가 같다(藥食同源)'는 우리의 오랜 음식 철학이 담긴 대표적인 건강식, 1997년부터 대한항공이 기내식으로 제공한 이유다.

세계적인 명성의 미국 하버드 경영대학원(Harvard Business School, HBS)이 한국 음식에 주목했다. 'K푸드 세계화 성공 과정'

을 연구 사례(CJ제일제당)로 선정하고 2024년 1월 교재를 공개했는데, 한국의 식품 기업을 사례로 다룬 것은 처음이라고 한다.

K푸드는 글로벌 K컬처 인기의 결과

K푸드 인기의 이유는 무엇일까. K컬처가 핵심이라는 의견이 대부분이다. K팝, K드라마 등 한국의 대중문화와 엔터테인먼트를 접한 사람들이 자연스럽게 한국의 음식과 생활문화에 친숙해졌다. 한국 문화에 관한 관심이 한국의 멋과 맛으로 확장된 덕분이다.

HBS 또한 K푸드 경쟁력의 원천이 'K컬처 마케팅'이라고 강조한다. K컬처가 전 세계 국경을 넘나드는 글로벌 문화 현상이 되면서, K푸드가 함께 조명을 받는 마케팅 효과가 큰 역할을 했다는 것이다. 문화라는 소프트웨어가 한식의 인기와 수출을 앞장서 견인한 특이한 사례로 제시한다.

K푸드와 K컬처의 만남

K푸드의 시작점은 단연 드라마라고 할 수 있다. 한류 초기의 대표 작품인 〈대장금〉은 한식의 진가를 여성의 성공 스토리에 담아 열렬한 호응을 받았다. 한류가 중동지역에서 큰 붐을 일으키는 기폭제로 작용했다. 〈별에서 온 그대〉와 〈사랑의 불시착〉의 치맥, 〈이태원 클라쓰〉의 순두부찌개와 짬뽕, 〈태양의 후예〉의 비빔밥, 〈오징어 게임〉의 달고나 뽑기와 〈이상한 변호사 우영우〉의 김밥까지 그 인기는 계속 이어진다.

영화와 한식도 찰떡궁합이다. 〈올드보이〉의 '산낙지 먹는 장면'은 강렬하고 기괴한 컬트적인 매력으로 논란과 동시에 오마주를 불러일으켰다. 〈아가씨〉의 평양냉면이나 〈기생충〉의 짜파구리 같은 음식도 눈길을 사로잡았다. K팝 스타의 한식 즐기기도 화제다. 특히 BTS의 지민이 포장마차에서 떡볶이 먹는 장면(2018)은 떡볶이 인기를 불러왔다. 덩달아 순대와 어묵, 김밥 등 한국의 길거리 음식이 주목받으며 식품 수출 증가로 이어졌다.

K푸드는 관광에서 최고 인기

한국 음식의 인기는 K푸드 수출과 관광으로도 이어진다. 한국 음식 체인점이 해외에 확산하고, 해외 마트에서 김밥, 라면, 소주 등도 쉽게 구할 수 있게 됐다. 드라마나 예능 프로와 결합해 K푸드는 한국인의 정과 나눔의 문화를 현지에 전파하는 매개 역할도 한다. 더 이상 K푸드 먹방이 새로운 뉴스가 아닌 것처럼, 이제 한식이 음식을 넘어 하나의 문화 콘텐츠로 자리 잡고 있다.

K푸드는 이미 한국 관광을 결정하는 첫 번째 이유가 됐다. 그간 1위였던 '쇼핑'이 2021년 들어 '음식'으로 바뀌었다(2022년 문화관광연구원의 외래관광객 조사). 외국인들은 한식을 어떻게 생각할까. 한식 하면 떠오르는 음식으로는 김치, 비빔밥, 떡볶이, 불고기, 삼겹살 순이었지만 실제 좋아하는 음식은 약간 달랐다. 한국식 치킨(16.5%), 라면(11.1%), 김치(9.8%), 비빔밥(8.9%)과 불고기(6.1%) 순으로 나타났다(2023 한식진흥원 조사).

외국인이 가장 좋아하는 K푸드 메뉴

압도적인 K푸드, 치킨과 라면을 알고 보니

　외국인들이 가장 좋아하는 한국 음식인 치킨과 라면은 사실 한국의 고유 음식이 아니다. 그런데도 당연히 K푸드에 속한다. 왜 그럴까.

　치킨의 대명사인 미국식 프라이드 치킨은 KFC다. 흑인 노예의 솔푸드를 커넬 할랜드 샌더스(KFC 매장에 보이는 할아버지)가 1952년 프랜차이즈화한 것이다. 1984년 서울 종로점이 오픈했으나 너무 짠 미국식 레시피 탓에 초기 안착에 실패한 후 한국식 맛을 받아들이게 된다.

　2020년부터 4년째 K푸드 선호도 1위를 유지하고 있는 '한국식 치킨'은 1980년대에 국내에서 선을 보인 양념치킨이 출발점이다. 전통적인 양념과 재료를 기본 축으로 끊임없는 변화와 시도를 거듭하면서 다양한 버전의 한국식 치킨 모델을 발전시켰다. 새로운 식재료를 첨가하거나 치맥처럼 다른 음식과 결합하면서 K푸드의 놀라운 매력을 발산한 것이다. 이때 등장한 환상의 파트너가 바로 K컬처, 최고의 결합이 따로 없었다.

라면은 어떤가. 인스턴트 라면(1958)과 컵라면(1971)의 종주국은 일본이다. 한국은 1963년 일본식 치킨 라면을 도입했지만, 현재 1인당 면 소비량으론 세계 1위다. 그만큼 한국인의 라면 사랑은 특별하다. 2023년 라면은 한식 수출 중 역대 최고 수출액을 기록했다. 특이한 건 그중 66%는 '불닭볶음면'이라는 사실. 한국인이 전통적으로 선호하던 '국물이 끝내주는' 라면이 아니라, 새롭고 독특한 맛이 세계 시장에 어필한 것이다.

전통에 머무르거나 한 가지만을 고집하지 않는 것, 라면도 이처럼 다양한 버전으로 변형 확장하면서 성공 스토리를 이어가고 있다. 2023년 홍대 부근에는 라면 특화 편의점인 '라면 라이브러리'까지 오픈했다. 외국인 매출(62%)이 내국인 매출(38%)을 크게 앞지를 정도로 인기가 높다.(〈머니투데이〉, 2024.1.4.)

일상에서 즐기는 K푸드

외국인이 좋아하는 한국 음식의 공통점으로 '일상성'이 눈길을 끈다. 고급스럽고 전문적인 정찬 스타일의 한식도 주목받지만, 일상에서 누구나 편하게 접할 수 있는 간편식이나 가정식이 단연 인기다. K푸드가 저 멀리 있는 '동경의 정서'보다는 일상의 편안함과 생활 속의 소비 단계로 진입했다는 의미가 크다. 확장성 측면에서 고무적이다.

이는 K푸드 마케팅이 세계의 다양한 입맛에 부응하면서 현지화에 성공했다는 뜻으로 풀이된다. 때로 한식은 다른 나라 음식과 결합해 새로운 메뉴로 재창조된다. 끊임없이 섞이고 교류하면서 발전한 결과가 아닐까 싶다. 외국인이 좋아하는 한국식 치킨이나 라면이 우리의 전통 음식은 아니어도, 그 안에는 우리의 독창적 레시피와 혁신 마인드가 담겨 있다. 이것이야말로 K푸드의 성공 포인트로 요약된다.

K푸드에서 배우는 인생

K푸드는 순혈과 전통만을 고집하지 않는다. 서로 융합하면서 나의 정체성을 재확인하고 새로운 '우리의 것'을 만들어간다. 그 과정에서 나만의 독특함과 고유함, 그 본질과 정신을 돌아보는 것이 중요하다.

나는 어릴 때 글자 그대로 초딩 입맛에 머물렀다. 비리거나 특이한 맛, 맵거나 강한 향과 소스는 본능적으로 거부감이 일었다. 나이가 들면서 차츰 입맛도 세속화하고 대중화하면서, 조금씩 어른스럽게 바뀐 것 같다. 직장 생활을 하면서 비릿한 생선회와 비주얼이 강한 족발이나 장어 같은 음식도 친숙해졌다.

잠시 영국에서 생활할 때는 기숙사에서 파스타를 해 먹고, 탄두리치킨이나 난 같은 인도음식, 터키의 케밥이나 잉글리시 브랙퍼스트(영국식 조식)도 접하게 됐다. 요즘엔 동남아와 인도의 주식인 '날아다니는 쌀'(인디카 품종쌀)도 좋아할 정도가 됐다. 맛대가리 없어 보이던 그 쌀이 진득한 카레나 짠 '크랩 튀김' 같은 음식과 천생연분, 잘 어울린다는 데 고개가 끄덕여진다.

오래가는 게 진짜 인기이자 성공

갈수록 입맛이 글로벌해진다. 둥글둥글 세상사에 적응해 가듯이 입맛도 두루뭉술해진 것 같다. 한편으로 한식에 대한 입맛도 바뀌는 걸 느낀다. 한때는 빨간 김치찌개나 떡라면을 좋아했는데, 이제는 두부 종류나 곤드레 비빔밥 같은 순한 음식을 찾게 된다.

좋아하는 음식도 이렇듯 돌고 돌면서 나만의 메뉴를 다시 찾아가는 것 같다.

　인생도 비슷하다. 만나고 섞이면서 나만의 것을 찾아나간다. 둥글둥글 원만해진 것 같지만 그 안에 진짜 나만의 어떤 소중함이 자리하고 있다. 중요한 건 오래가는 것이다. 반짝 빛나는 게 아니라 은은하고 꾸준하게 지속하는 것, K푸드도 한때의 인기 음식이 아니라 계속해서 사랑받는 게 중요하다. 지구촌의 많은 사람이 두고두고 찾는 음식이 된다면 그게 진정한 성공이다.

4.

기억에 사무치는
음식

영혼을 흔드는 음식

누구에게나 '기억의 방'에 여운처럼 머무는 음식이 있다. 내겐 어떤 음식일까, 생각해 본다. 역시 이릴 적 엄마가 해주신 음식이다. 학식이 없던 시절, 엄마의 도시락은 늘 깔끔하고 정성스러운 반찬으로 채워졌다. 그중에서도 '달걀말이'가 오래 기억에 남는다. 엄마의 달걀말이는 김을 넣어 말아서 비주얼부터 남달랐다. 먹음 직스러운 노란 달걀지단 속의 김이 입맛을 돋웠다. 급우들의 부러운 눈길은 자주 내 도시락에 쏠렸다.

30대 후반 영국에 체류하던 시절, 어머니가 보내신 김치도 잊히지 않는다. 말도 잘 통하지 않는 머나먼 객지의 장남을 얼마나 걱정하셨을까. 그 김치는 고향의 맛과 정을 느끼기에 충분했다. 한 번은 배달 사고로 김치가 2주 넘어서야 도착했다. 거의 묵은지가 다 된 바람에 신 냄새가 기숙사 공유 주방에 가득해진 난감한 상황이었다. 퍼뜩 정신이 든 나는 가까스로 '생존 요리법'을 배우기 시작했다. 1년이 지날 즈음엔 '겉절이김치'를 담가 먹을 정도가 됐다. 어머니의 김치가 어떻게 만들어지는지 조금이나마 몸으로 배우는 시간이었다.

이국의 식탁에 머무는 사람의 향기

여름 방학에 한국인 친구와 영국의 북부 스코틀랜드를 자동차로 여행했다. '하이랜드'라고 불리는 고원지대는 길 따라 인적이나 '차적(車跡)'이 드물 정도로 스산한 풍경이 끝없이 이어진다. 황량한 산과 깊은 계곡 사이를 지나 어느 한적한 시골 마을에 도착했다. B&B(Bed & Breakfast)의 이층 방에 짐을 풀었는데, 아이들 사진이 벽에 걸려 있었다. 아마도 이제는 장성해서 도회지로 나간 아이들의 방을 여행자들에게 내준 것이었다. 사람 사는 모습은 세상 어디나 비슷하다는 생각이 들었다.

아침에 노부부가 차려준 '영국식 조식'을 먹었다. 소박하지만 정성스럽게, 제법 든든한 음식이 여행자의 허기와 향수를 달래준다. 집을 떠난 노부부의 자녀들도 어릴 적 부모님과 둘러앉아 이 식사를 나눴을 것이다. 문득 고국에 두고 온 가족이 생각났다.

음식에는 사람 사는 찐 모습이 담긴다

의식주 생활문화 중에서도 음식에는 인간의 가장 강렬한 체험이 들어있다. 오감을 자극하고 강한 중독성이 있기 때문이다. 누구나 쉽게 접하고 진입 장벽이랄 게 딱히 없다. 또 한 가지 중요한 특징은 어떤 음식에나 역사와 문화가 담긴다는 점이다. 그곳의 자연과 물산, 거기 사는 사람들의 입맛과 취향이 반영된다. 어떤 지역의 문화적 경험 형성에 음식이 최고의 역할을 하는 이유다.

최근 K컬처 인기 덕분에 K푸드의 관심과 열기도 뜨겁다. 한국을 찾는 외국인의 한국 선택 시 고려 요인으로는 '음식과 미식 탐방'이 단연 1위다. 한식은 국가별 음식 이미지에서 새롭고 독특하게 자리매김했다. 어떤 키워드일까. '젊고 신선한, 색다르고 이색적인, 최근에 유행하는…' 떡볶이나 김밥 같은 간편 음식부터 고급

한정식까지 한국 음식은 세계인의 주목을 받고 있다. 최근 뉴욕 타임스(NYT)가 선정한 '2024년 뉴욕 최고의 레스토랑 100곳'에는 한식당이 무려 7곳이나 선정됐다.

[신대륙-아메리카] ➡
옥수수, 감자, 고구마, 호박,
토마토, 강낭콩, 피넛, 고추, 피망, 카카오,
파인애플, 파파야, 아보카도, 파프리카,
바닐라, 해바라기, 칠면조

식량 창고 역할(저가)
플랜테이션 농업

⬅ [구대륙-유럽]
쌀, 보리, 올리브, 커피

소, 양
감염병, 세균, 바이러스

공업 제품(고가)
유럽인 이주 지배

대항해시대가 바꾼 인류의 음식문화

음식은 문명 교류의 매개체

세계의 음식 문화사는 15세기 대항해시대를 거치면서 송두리째 변화했다. 요리와 음식은 문명 간의 거대한 교류의 장이 된 것이다. 신대륙 아메리카가 식량 창고 역할을 한 덕분에, 유럽의 구대륙은 기아와 빈곤을 해결하며 세계사의 주역으로 부상할 수 있었다. 지금 우리 식탁에서 빼놓을 수 없는 대부분 식재료가 아메리카 대륙에서 온 것이다. 반대로 구대륙은 무엇을 전달했을까. 쌀이나 커피, 공업제품들, 특히 유럽인들의 감염병은 신대륙 원주민의 인구 감소에 치명적인 요인이 됐다.

오늘날 서구인들이 애용하는 최고의 식재료인 감자와 토마토는 이렇듯 아메리카 출신이다. 감자는 '신이 내린 선물'로 불리며 아일랜드를 비롯한 유럽인들의 기아 해결과 인구 증가, 경제 활력 회복에 결정적으로 기여했다. 토마토 또한 이탈리아와 지중해 식단의 황제 같은 지위를 차지하며, 세계인이 사랑하는 슈퍼푸드로 각광받고 있다.

세계의 음식, 세계인의 솔푸드

흔히 '솔푸드(soul food)'는 영혼을 흔들 정도로, 잊을 수 없는 음식을 말한다. 미국 남부지방에 거주하던 아프리카 출신 노예들의 음식이 그 기원이다. 팍팍하고 고단한 삶을 위로하는 음식, 생존의 고비를 넘으며 가족과 함께 일상의 애환을 나누던 음식이다. KFC의 '프라이드치킨'이 이 음식에서 출발한 것이라고 한다.

음식은 국경을 넘어 '현지화'하면서 진화한다. 그 지역에서 나오는 재료와 사는 사람들의 입맛을 따라가기 때문이다. 1984년 종로점이 오픈하면서 한국에 상륙한 KFC는 초기에 쓰디쓴 실패를 맛봤다. 매뉴얼대로 '단짠' 맛을 고집했기 때문인데, 차츰 한국인 입맛에 맞게 변화하면서 치킨의 대명사 지위를 누렸다.

외국인이 가장 좋아하는 한국 음식은 한국식 치킨과 라면이다. 하지만 이들은 원래 한국음식이 아니고, 미국과 일본에서 출발한 것이다. 한국식의 양념치킨, 매운 불닭볶음면처럼 우리의 입맛과 기호를 반영해 재탄생한 것이다. 삼양라면 불닭볶음면의 경우 수출이 전체 매출의 80%를 차지하는데, 지역별 맞춤 공략을 통해 세계화에 성공했다. 미국에선 까르보나라, 중국에선 마라, 태국에선 똠얌 등의 소스를 추가하는 방식이다. 음식은 이처럼 국경을 넘나들면서 세계인이 사랑하는 문화가 됐다.

교류와 혼종이 다양성으로

　세계의 음식을 보면 문명 간 교류가 얼마나 중요한지를 실감하게 된다. 철저한 오리지널보다는 다양한 변종과 파생, 현지화를 거쳐 새롭고도 독특한 음식문화를 꽃피웠기 때문이다. 중요한 건 다른 걸 이해하고 받아들이는 열린 자세다. 음식에 문턱이 없는 것처럼, 문화의 국경과 경계도 갈수록 흐릿해지고 있다.

　K컬처 또한 이런 흐름 속에서 전 세계인이 사랑하는 문화적 현상으로 떠올랐다. 문화란 교류와 혼종 속에서 피어나고 지속하는 것이다. 다 함께 가는 게 중요한 시대다.

5.

일상의 재미 폭발,
축제와 이벤트

우리 주변을 살아 움직이게 하는 축제와 이벤트

관광에서 겨울은 보통 비수기에 해당한다. 추운 날씨로 인해 야외 활동이 어렵기 때문이다. 이럴 때 흥미로운 볼거리와 즐길 거리를 만들어 어떤 장소를 매력적으로 탈바꿈시키는 것을 '이벤트 효과'라고 한다. 대표적인 게 바로 축제다. 화천 산천어 축제나 평창 대관령 눈꽃 축제 같은 겨울에 열리는 강원도의 축제에 사람들이 몰리는 이유다.

축제와 이벤트야말로 한국인의 기질과 취향에 딱 맞지 않을까 싶다. 한국인은 서로 어울리면서 뭔가를 만들어가는 역동성이 넘치기 때문이다. 축제는 제의와 종교적인 기원으로 출발했는데 갈수록 유희와 오락성이 강해진다. 한과 흥의 민족인 한국인의 모습과 겹치고, '체험과 놀이'를 좋아하는 현대인의 문화와 부합한다. 연중 전국 각지에서 축제와 이벤트가 성황리에 열리는 건 이유가 있다.

인생은 알고 보면 기획과 이벤트의 연속

축제는 크게 보면 이벤트에 속한다. 이벤트를 유형과 종류별로 나눠보면 지역 축제, 국제회의와 산업전시, 문화예술 이벤트, 스포츠 이벤트, 관광상품 이벤트(여행과 호텔 등 포괄), 기타 프로모션과 홍보 이벤트를 포함한다. 이벤트는 일정한 시간에, 특정한 목적을 위해, 인위적으로 행해지는 행사를 말한다. 계획성, 긍정성, 비일상성이라는 3가지 특징을 띤다.

| ① 계획성
특별한 순간 만들기 | ① 계획성
특별한 순간 만들기 | ③ 非일상성
지루한 일상에 활력 만들기 |

➡ 생일 파티, 회식, 맛집 탐방, 여행이 모두 이벤트

이벤트의 속성 3가지

인생은 알고 보면 '기획과 이벤트의 연속'이다. 우리는 살면서 수많은 선택을 한다. 인생의 방향을 결정하는 게 기획이라면, 그런 인생을 다채롭고 생생하게 만드는 게 이벤트다. 이벤트는 되풀이되는 일상에 변화를 주는 마법 같은 역할도 한다. 잘 활용하면 삶이 풍부해지고 활력이 생긴다. 뭔가 신나는 일을 꾸미는 걸 좋아하면 이벤트 기획자로서 자질과 역량이 있다는 뜻이다. 그들의 인생은 늘 흥과 텐션이 넘친다. 내가 그렇게 살거나, 그게 어렵다면 그런 사람을 친구로 두는 것도 좋지 않을까 싶다.

한국 축제의 역사

한국은 축제 이벤트의 강국으로 부상했다. 올림픽, 월드컵 같은 국제적인 메가 이벤트를 성공리에 개최하면서 국가적 역량을 대내외에 과시했다. 국력의 상승과 함께 스포츠와 이벤트 부문에서도 세계 강국의 위상을 확보한 것이다.

한국의 축제는 국운 상승과 함께했다. 특히 1980~1990년대는 글로벌 도약기에 해당한다. 1986년 아시안게임과 1988년 서울올림픽은 한국의 경제성장과 국력 신장을 국제사회에 선보인 절호의 기회였다. 신흥 개발도상국이었던 한국이 국제사회의 주목할 만한 일원으로 공인을 받은 것이다. 스포츠 이벤트는 단순히 경기력만을 겨루는 행사가 아니라 한 나라의 총체적인 역량을 대내외에 과시한다. 많은 나라가 앞다투어 월드컵이나 올림픽을 유치하려는 이유다. 2002년 월드컵을 통해 스포츠 이벤트는 정점을 기록한다. 길거리 응원과 치맥이 히트상품으로 떠올랐다.

1993년 대전 엑스포, 1994년 한국방문의 해 등 과학기술, 관광과 같은 여러 분야에서 한국의 의욕적인 이벤트가 계속된다. 일본이 도쿄올림픽(1964)과 오사카박람회(1970)를 통해 이벤트 강국으로 부상한 것처럼, 한국도 점차 이벤트 역량이 크게 강화되면서 국가적인 자신감도 부쩍 올라간다.

1995년 출범한 지방자치제는 한국이 이른바 '축제공화국'으로 발돋움하는 기폭제 역할을 한다. 축제가 가진 지역 경제 활성화와 관광 효과가 그만큼 막대하기 때문이다. 정부가 1996년 문화관광 축제에 관한 정책을 통해 재정 행정 측면의 지원을 시작하자 축제 붐이 전국적으로 확산하는 시너지 효과로 이어진다.

K컬처는 이벤트가 기폭제

축제와 이벤트 역량은 한류와 K컬처의 세계 확산에도 결정적인 계기가 됐다. 팬 사인회와 스타디움 공연 같은 이벤트는 팬덤을 형성하고 스타와 팬들이 만나는 생생한 접점의 현장을 만든다. 온라인이나 SNS 등으로 맺어진 팬덤은 오프라인의 이벤트 참여와 집단적인 일체감 발산을 통해 문화 체험을 극대화하는 강점이 있다.

K팝이 유럽 전역으로 확산하는 데 결정적인 역할을 한 공연이 2011년 프랑스 파리에서 열린 'SM타운 월드투어'였다. K팝을 대표하는 스타들이 유럽 문화의 본고장인 파리 한복판을 뜨거운 열기와 환호성으로 장식했다. 2023년은 블랙핑크를 비롯한 에스파, 있지, (여자)아이들 등의 공연이 영국에서 줄줄이 이어져 현지 언론이 '코리안 인베이전'이라고 대서특필하는 일도 일어났다.

이제 K팝 스타들은 세계 곳곳에서 열리는 음악 축제의 '간판 출연자(헤드 라이너)'로 오르는 일이 흔하다. 그만큼 K컬처 스타의 인기와 대중적 관심이 크다는 의미다. 이 같은 축제와 이벤트를 적절히 활용하면 한국 문화의 세계적 확산과 팬덤 확장에 크게 도움이 된다.

내 인생의 이벤트 3가지

살면서 많은 축제와 이벤트를 만난다. 친구들과의 모임이나 생일파티 같은 소소한 이벤트부터 지역과 여행지의 축제에 참여한 경험까지 셀 수 없을 정도다. 내 인생의 이벤트라면 어떤 것일까. 평생을 두고 잊을 수 없는 인생 프로젝트를 떠올려본다.

세상에 뒤졌던 나는 20대 시절의 국토 여행을 통해 세상에 눈을 떴다. 대학원 2학년 여름이던 1986년, 서울의 기숙사 4인방은 전국 여행을 떠났다. 고향이 공교롭게 경기, 충청, 부산, 광주. 우리는 본가를 베이스캠프 삼아 경부선을 따라 부산까지 갔다가 광주의 무등산에서 여정을 마무리했다. 나는 친구를 얻었고 우리 산하에 매료됐으며, 세상이란 이처럼 넓고 크다는 것을 실감했다.

두 번째는 영국 연수 시절이던 2000년 2주간의 유럽 자동차 여행이다. 차를 배에 싣고 이동해 유럽 대륙의 10여 개 나라를 돌아봤다. 비슷하면서도 다른 자연과 기후, 오랜 역사와 전통, 다양한 문화와 종교 등 내 앞에 펼쳐진 세상은 경이로웠다. 인생의 시야를 확장하는 것이 무엇인지, 또 한 번 세상을 배우는 순간이었다.

세 번째는 2008년 칠순을 맞은 부모님을 모시고 떠난 사찰 순
례다. 서울에서 출발해 영주(부석사), 봉화(청량사), 안동(하회마
을), 경주(불국사)와 양산(통도사)을 거쳐 부산(범어사와 해운대)
까지 여정은 이어졌다. 두 분을 그렇게 가까이서 오래 모신 것은
성인이 된 후 처음이다. 3년 후 아버지가 사고로 떠나신 것을 생각
하면 그 여행의 기억이 더욱 마음 깊이 사무친다.

돌아보니 삶은 짧고 긴 여행의 연속이다. 여행이 우리에게 주는
의미와 여운이 그만큼 크고 깊다는 것 아닐까. 사람들이 늘 일상
을 떠나 여행을 꿈꾸는 이유일 것이다.

일상을 신나게 만드는 이벤트 실행법

단조로운 일상에 쏠쏠한 즐거움과 놀라움을 주고, 밋밋한 하루
를 멋진 추억의 순간으로 바꾸는 데 이벤트만 한 것이 드물다. 사
는 게 권태로워지면 뭔가 색다른 걸 찾아볼 일이다. 나도 모르게
활력이 생기고 어떤 설렘이 깃드는 마법을 경험할 수 있다. 일상
에 변화를 주는 이벤트를 구상하는 방법을 정리해 본다. 새로운
카페나 맛집을 둘러보고 핫플에서 친구를 만나 생일파티를 하는

모든 게 이벤트다. 훌쩍 여행을 떠나는 것도 좋다.

(이벤트 기획의 구성요소)	(나의 이벤트 구상 예시)
① Why: 목적, 배경	목적(이유): 생일 파티
② What: 추진방향, 목표, 전략	누구를 초대: 친구들 명단 작성
③ Who: 실행자, 관계자	언제, 어디서?: 2주 후 홍대 앞 식당
④ Whom: 대상, 고객	이벤트 내용: 식사와 술, 경품, 선물
⑤ How: 세부 프로그램, 연출방법	예산, 연락, 홍보: 경비, SNS 소개
⑥ When: 시기/기간, 일정	준비사항: 예약, 경품 등
⑦ Where: 대상 지역, 장소	
⑧ How Much: 예산, 스폰서십	

이벤트 기획의 방법과 구상 예시

나와 가족, 친구들의 기념일을 '스페셜 데이(특별한 날)'로 활용하는 것도 요령이다. 나도 즐겁고 주변 사람들도 기분 좋게 할 수 있다. 이렇듯 축제 이벤트는 우리의 일상과 인생을 다채롭고 생생하게 만든다. 오늘부터라도 당장 챙겨보자.

4장

K컬처에서
배우는
성장 노하우

1.

변화를 읽으면
길이 보인다

짧고 화끈한 게 좋다. 요즘 대세 미디어는 1분 내외의 짧은 영상물인 '숏폼'이다. 웬만한 영화와 드라마 리뷰엔 결말이나 스포일러 포함을 선호한다. 음악이나 영상물을 빨리 돌리는 '스페드 업(sped up)'도 인기다. 왜 그럴까. 바로 '핵심만 알고자 하는' 경향 탓이다.

K컬처는 어떤가. K팝 노래 길이가 눈에 띄게 짧아지고 있다. 2023년 최대 히트곡 중 하나인 뉴진스의 〈슈퍼 샤이〉의 길이는 2분 34초. 신비로운 느낌의 신시사이저 사운드에 이어 노래의 핵심 구간이 바로 등장한다. 그들의 2번째 미니음반에 수록된 6곡의 총시간은 12분 16초, 평균 2분여에 불과하다.

노래 길이가 짧아지는 게 새로운 일은 아니다. 4분에서 3분으로, 이제 2분대가 속출한다. 2009년 데뷔한 걸그룹 '포미닛'(4분)의 팀명은 노래를 듣는 '4분 안에' 너의 마음을 사로잡겠다는 의미다. K팝 최고 히트곡인 싸이의 〈강남스타일〉(2012)은 3분 42초다.

변화는 시시각각으로 일어난다. 이런 변화를 빠르게 읽어야 관심과 인기를 끌 수 있다. 대중들의 욕망을 먹고 사는 K컬처는 말할 것도 없다. 새로운 취향을 선도하려면 한 발짝 앞서서 변화의 경계에 서야 한다. 내 인생을 바꾸는 변화 읽기, 과연 어떻게 해야 할까.

K컬처는 변화 대응의 결과

K컬처의 성공 요인을 여러 가지로 꼽는다. 그중에서도 시대 변화에 대한 신속한 대응과 혁신 전략이라는 시각이 많다. 시장과 환경의 흐름을 읽고 소비자들의 욕구와 수요에 적절히 대응했다는 것이다. 성공의 출발은 바로 변화와 트렌드 읽기다.

한국 경제의 과거 발전 전략은 '추격자 전략', 바로 선진국 따라잡기였다. 압축성장을 통해 한국은 산업화와 민주화를 동시에 달성한 독특한 성공 모델을 선보였다. K컬처 또한 한국 경제의 발전 모델과 다르지 않다. K팝은 마이클 잭슨으로 대표되는 1980년대 미국의 '보는 음악'을 적극적으로 수용한 결과다. K팝 아이돌은 미국과 일본의 강점을 잘 버무려 성공적인 한국형 모델을 제시했다.

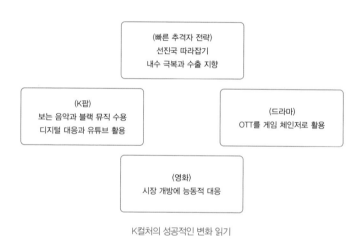

K컬처의 성공적인 변화 읽기

변화와 트렌드 읽기

트렌드는 장기간에 걸친 성장, 정체, 후퇴 등의 변동 경향을 말한다. 트렌드를 알면 세상 돌아가는 이치가 보인다. 개인의 성장뿐만 아니라 업무 능력의 향상에도 필수적이다. 트렌드 읽기는 전문가의 영역이 아니다. 빠른 환경 변화에서 살아남으려면 우리 일반인에게도 필요하다. 나만의 강점을 가지려면 새롭고 차별화된 포지셔닝이 필수적이기 때문이다.

어떤 방법을 시도하는 것이 좋을까. 김선주와 안현정의 『트렌드 읽는 습관』(2020)은 오늘부터 당장 실천에 옮길 수 있는 12가지 습관을 제안한다. 트렌드를 내 습관으로 만드는 다양한 방법이 들어 있다. 김난도 교수를 비롯한 서울대 소비트렌드분석센터에서 매년 발간하는 『트렌드 코리아』 시리즈는 우리의 일상과 소비의 변화상을 파악하는 데 도움이 돼 독자들에게 인기가 높다.

내 인생을 활기차게 사는 법

내가 즐겨 쓰는 방법은 크게 3가지다.

첫째 미디어 스캐닝. 언론은 최고의 트렌드 선도자로 꼽힌다. 예전처럼 TV나 종이신문을 보지는 않아도, 하루 상당 시간 포털의 기사를 들여다본다. 중요한 기사는 '나와의 채팅'에 공유해 다시 천천히 읽거나 인쇄해서 참고한다. K컬처 관련 소식은 반드시 챙긴다. 시시각각으로 새로운 뉴스가 나오니 하루라도 거르면 금

세 감이 떨어지고 만다.

둘째로 강의 듣기와 글을 읽고 나누는 일이다. 도서관(평생학습관)에서 좋은 강의를 듣는 일은 요즘 나의 빼놓을 수 없는 일과다. 뭔가를 배우는 건 일상의 자극이자 인생의 자양분이 된다는 걸 절감한다. 브런치스토리나 SNS에 글을 쓰고 다른 글을 읽는 것도 중요하다. 세상의 온갖 이야기가 넘치는 곳에서 오늘도 나는 배운다.

마지막으로 사람을 만나는 일이다. 인간은 사회적인 동물이라 역시 생생한 교류는 오프라인 만남과 대화에서 온전히 이뤄진다. 소소한 지식이나 정보뿐만 아니라 온라인에서 느낄 수 없는 정과 따뜻함, 살아있는 즐거움과 행복을 느끼게 된다. 결이 맞는 사람과의 좋은 만남에서 나는 늘 위로와 활력을 느낀다.

K컬처와 우리 인생, 변화 대응력이 필수

변화와 트렌드 읽기는 인간의 생존과 성장에 필수적이다. 문화와 문명의 부침에도 결정적인 역할을 한다. 모든 문제의 해결과 대응이 여기서 시작되기 때문이다. 현실에 안주하면 이런 변화를 읽지 못하고 시대의 속도에 뒤처지게 마련이다.

트렌드 읽기에서 K컬처의 성공이 시작된 것처럼 우리도 인생의 변화 대응력을 키워나가야 한다. 세상이 어떻게 변화하는지 오늘도 눈을 크게 떠야 하는 이유다.

2.

내 인생의 성장 비결,
기획

트렌드 읽기에서 기획으로

문화판에서 변화 읽기는 모든 콘텐츠 개발에서 최우선이다. 기획의 기초이자 출발이기 때문이다. 고객이 무엇을 원하는지 알려면 현장과 밀착 호흡은 기본이다. 트렌드를 제대로 읽으려면 내일의 관점으로 주관화하는 연습이 필요하다. '나와 어떤 연관이 있을까' 하는 문제의식을 느껴야 한다는 말이다. 이것이 바로 기획의 사고이고, 창의적인 기획을 끌어내는 차별화 포인트로 작용한다.

모든 기획의 출발은 '문제'가 무엇인지를 정의하는 것이다. 기획의 목적이 바로 '문제의 해결과 대응'이기 때문이다. 트렌드 읽기는 겉으로 드러난 현상에서 안에 담긴 의미를 파악하고, 문제의 원인과 성격을 분석하는 작업이다.

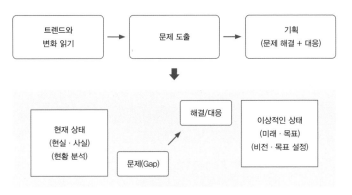

트렌드 읽기에서 기획으로

이상적인 나와 현재의 나 사이에는 어떤 문제가 있는가. 이를 정확히 파악하고 원인을 제거해 나가면 원하는 목표에 도달할 수 있다. 이를 실현하기 위한 방법론이 바로 기획이다. 문제를 해결할 수 있으면 밀어붙이고, 해결이 어려우면 적절히 대응한다. 만약 날씨가 문제라면 근본적인 해결이 아니라 가능한 대비책을 마련하는 것이다.

K컬처 기획, 어떻게 할까

많은 관심을 받거나 성공한 K콘텐츠는 사실 적절한 기획이 뒷받침된 결과다. 시대의 트렌드와 대중의 욕망에 부응하는 참신한 접근 전략이 핵심이라고 할 수 있다. K컬처 기획이라면 창의적인 콘텐츠 개발을 위한 프로세스를 적용한다. 구체적으로 살펴보자.

창의적인 콘텐츠 기획 프로세스

(1) 최우선 절차는 트렌드 분석이다. 당대의 흐름과 동향, 사람들의 기호와 욕망이 무엇인지를 파악하는 것이다. 우리가 자주 사용하는 시장조사, SWOT 분석 등의 기법을 떠올리면 된다. 이를 통해 사람들이 호응할 만한 반짝이는 아이디어와 콘셉트를 구상하는 것이 다음 단계다.

(2) 콘셉트 설정은 기획의 의도, 배경과 주제, 메시지를 정하는

단계다. 공감이냐 설득이냐 같은 전략적 포인트도 마련한다. 지식이나 정보냐, 경험과 감정이냐 같은 콘텐츠의 색깔과 차별화 요소를 정하는 것도 중요하다.

(3) 목표 고객 설정은 독자와 고객을 상정하는 것이므로 신중한 접근이 필요하다. 어떤 사람들에게 맞출 것인가, 어떤 사람들이 이 콘텐츠에 관심을 가질 것인가를 정하기 때문이다. 많은 사람에게 오픈하면 좋을 것 같지만, 누구의 관심에서도 멀어질 수 있다.

(4) 핵심 내용 구성은 구체적인 내용과 흐름을 만들어 독자의 집중과 몰입을 유도하는 것이다. 스토리텔링 기법 같은 다양한 방법이 중요하다.

(5) 마지막으로 세부 사항 구체화는 홍보와 마케팅, 예산과 인력, 일정과 액션 플랜 등을 말한다. 실제 프로젝트 실행 시에 필요하다.

K컬처를 비롯해 나만의 멋진 기획을 위해서는 창의적인 생각을 끌어내는 법이 중요하다. 그런 생각은 '질문하기'부터 시작한다. 무엇보다 일상에서 질문하기를 습관화하는 것이 필요하다. 관찰(무슨 일이 있나?)에서 성찰(왜 그런가?)을 거쳐 나만의 통찰(무

엇이 중요한가?)을 끌어내는 것, 이른바 '3찰(察)'이다. 일상에서 얻은 생각과 느낌을 정리하고, 어떤 의미와 메시지를 도출하는 데 유용하다.

| ① 관심 갖고 '관찰' 무슨 일이 있나? | + | ② 질문으로 '성찰' 왜 그런가? | + | ③ 내 관점으로 '통찰' 무엇이 중요한가? |

일상에서 질문하기: 3찰(察)

콘텐츠는 요리, 인생과 닮았다

흔히 콘텐츠 기획을 요리와도 비교한다. 요리의 3요소를 꼽으라면 신선한 재료, 특별한 조리법(소스와 조미료), 그리고 뛰어난 요리사라고 할 수 있다. '추억의 8할은 음식'이라고 한다. 우리의 삶을 감칠맛 나게 하는 건 '음식'에 대한 기억과 여운이다. 소중한 사람과 함께한 자리는 더욱 잊히지 않는다. 재료와 조리법이 같다고 똑같은 맛이 나진 않는다. 요리사의 손맛이 특히 중요하고 3가지가 서로 잘 어우러져야 함은 물론이다.

오늘도 K컬처를 채우는 수많은 콘텐츠를 만난다. 콘텐츠의 3요소라면 신박한 아이템, 특별한 아이디어와 기획, 그리고 유능한 크리에이터를 꼽을 수 있다. 3가지가 결합해서 팬들의 호응과 공감을 잘 끌어내는 게 중요하다. 콘텐츠는 우리의 일상에 재미와 활력을 주고 삶을 다채롭고 풍부하게 한다.

우리 인생은 어떤가. 우리는 살면서 수많은 일상의 사건을 접하면서 자기 경험과 이야기를 만들어간다. 다양한 지식과 정보도 흡수한다. 인생 자본과 콘텐츠를 축적하려면 이런 일상의 재료를 일관된 콘셉트나 방향으로 묶어내는 기획이 중요하다. 스스로 창의적인 기획자나 설계자가 돼야 하는 이유다. 자기 인생의 주도자와 주인공이 되는 길이다.

요리, 콘텐츠, 인생의 비교

인생에서 콘텐츠가 중요한 이유

Life is a journey, not a destination. 인생은 자신의 세계를 찾아가는 하나의 여정이다. 미약한 존재로 태어나 독립적이고 주체적인 존재로 성장하는 과정이 사람의 일생이다. 거기서 우리는 자신의 영토를 조금씩 확장해 가면서 자유를 얻는다.

인생 여정에서 가장 중요한 건 나만의 콘텐츠를 만드는 것이다. 이를 위해선 '배움과 성장'이 필수적이다. 콘텐츠가 풍부해지면 삶에 대한 자신감이 생기고 자존감도 높아진다. 그런 사람은 타인의 삶이 전혀 부럽지 않다. 자신과 주변의 관계에서 독립된 주체가 갖는 자유를 느끼기 때문이다.

자유와 성장은 2가지 측면에서 이루어진다. 먼저 일이나 지식 측면이다. 경험과 경력이 쌓일수록 세상을 넓고 깊게 보고, 좋은 자리에서 영향력을 행사하기도 한다. 하지만 여기에도 우열과 층위가 존재하기 마련이다. 끊임없이 긴장한 채 노력해야 하는 이유다. 두 번째, 개인적인 삶은 다르다. 누구나 각자의 삶을 살면서 자신만의 이야기를 만들어 나간다. 여기엔 높낮이나 우선순위가 없고 다름과 만족이 있을 뿐이다. 이런 개인적인 자유야말로 우리에게 진정한 행복을 준다.

나의 인생 콘텐츠 돌아보기

나의 일상과 삶으로 돌아온다. 내 인생 콘텐츠라고 꼽을 만한
것은 무엇일까.

첫 번째는 축제 이벤트, 2017년 『축제에서 일주일을』이란 제목
으로 펴낸 책의 주제다. 국내외 유명한 축제와 메가 이벤트를 7가
지 주제로 정리한 일반 교양서로, 내가 그간 경험하고 공부한 내
용을 지식형 콘텐츠로 구성했다. 지금 보면 여러모로 부족한 점이
많지만, 내 이름으로 새로운 창작물을 선보인 첫 번째 경험이라는
데 감회가 크게 다가왔다.

두 번째는 시선이 일에서 삶으로 이동했다. 코로나 시국을 맞
아 출퇴근길이나 점심시간에 혼자서 산책을 즐겼다. 글을 쓰며 자
연스레 자신을 돌아보는 시간이 늘었다. 유년의 기억부터 외국에
서 연수한 시절까지, 시간과 공간을 넘나들며 시간 여행에 빠져들
었던 시기다. 지나간 인생 여정을 하나씩 돌아보면서 내가 어디쯤
와있는지, 어디로 갈 것인지 많은 생각을 하게 됐다.

그러면서 글에 조금씩 삶의 이야기가 묻어 나오기 시작했다. 나의 혼란과 방황, 상처와 트라우마, 인간적인 모습들이 나도 모르게 수면 위로 떠올랐다. 이전엔 상상할 수 없었는데, 글을 쓰며 자신과 대면하는 법을 배운 것이다. 2022년 여름 두 번째 책인 『여행이거나 관광이거나』가 나왔다. 어언 나이가 60, 나는 말할 수 없는 특별한 기분에 휩싸였다.

요즘엔 K컬처에 관한 글을 쓴다. 지식과 정보만이 아니라 인생의 이야기를 담는 게 목표다. K컬처가 우리의 삶과 어떤 관계가 있고 배울 만한 점은 무엇인지를 살펴보고 싶다. 대학에서 강의를 통해 만나는 Z세대 학생들과도 K컬처를 우리 인생과 연결 지어 보는 이야기를 나누고 있다.

인생 콘텐츠를 풍부하게 만드는 법

크게 학습(인풋)과 표현(아웃풋), 그리고 소통과 네트워크로 정리해 볼 수 있다.

먼저 외부로부터 배우는 것. 책 읽기와 강의 듣기, 내가 애용하는 대표적인 방법이다. 처음 책을 쓰기 전에는 글쓰기 방법론 책을 여러 권 읽고 강좌에도 몇 차례 참여했다. 홍대 '상상마당'에서 배운 논리적 글쓰기와 개인적 글쓰기라는 2개 강좌는 두고두고 많은 도움이 됐다. 훌륭한 멘토를 만나는 것도 인생의 복이고 인연이다.

다음으론 외부로 발산하고 표현하는 것. 글 쓰고 강의하기 같은 아웃풋을 할 때면 보다 정확하게 내가 알고 있는 걸 되새겨본다. 어설프게 아는 건 제대로 아는 게 아니다. 의외로 기초가 약하다는 게 실감 나서 개념부터 다시 찾아보는 일이 흔하다. 고치고 다듬어가면서 쌓인 글들은 두 번째 책을 내는 데 결정적인 역할을 했다. 인풋과 아웃풋이 적절히 결합하고 순환하는 것이 콘텐츠의 완성도와 자신만의 활력을 높이는 데 필요하다.

마지막으로 소통과 네트워크. 사람은 관계 속에서 성숙해진다. 사람을 만나서 대화하고 교류하면서 우리의 안목과 시야는 한 단계 높아지고 숙성의 과정을 거친다. 이 같은 끊임없는 접촉과 상호작용 속에서 진정한 고수가 탄생한다. 자신에게 맞는 소통 방식을 잘 활용하는 게 중요하다.

3.

소통

이제 세상을 바꾸는 건
B급이다

진지한 자들이 대놓고 가벼워진다

　유튜브 홍보 분야에서 요즘 화제는 단연 '충TV'(충주시 홍보채널)와 김선태 주무관이다. 충주시 인구 21만 명의 몇 배에 달하는 76만 명의 구독자를 거느린 최고 인기 채널이다. 놀라운 건 극강의 가성비, 1인 체제로 연간 운영 예산이 61만 원에 불과할 정도로 초저예산이다. 정부 기관의 엄숙주의는 싹 빼고 날것의 B급 정서를 보여준다. '재미난 동네 청년' 같은 콘셉트로 뜨거운 호응을 받고 있다.

　코로나 시즌, 공공기관의 홍보 영상이 대박을 터뜨렸다. 2020년 제작한 한국관광공사의 '필 더 리듬 오브 코리아' 시리즈의 〈범

내려온다〉는 큰 반향을 일으키며 해외에서까지 주목을 받았다. 판소리와 힙합, 익살스러운 춤을 맛깔나게 결합해 보는 사람을 순식간에 사로잡으며 3억 조회수를 기록 중이다.

후속 시리즈들도 연달아 히트했다. 할리우드 영화 〈매드맥스〉를 패러디한 '머드맥스'는 '한국 관광의 별' 시상식 무대에도 올라갔다. 바지락을 캐려는 서산 갯벌의 경운기 질주 장면을 영화처럼 박진감 넘치게 표현했다. BTS, 이정재 같은 K컬처 스타, 생성형 AI 등을 활용하는 등 다양하게 제작한 영상도 눈길을 끌었다.

문화판을 바꾼 B급의 매력

B급은 A급에 대비되는 개념이다. A급이 품격과 완성도를 지향한다면 B급은 재미와 웃음, 친근함이 코드다. 주류문화의 핵심이던 A급에 대비해, B급은 소수가 좋아하는 하위문화로 출발해 다수 대중의 선호 대상으로 올라선 경우가 많다. 특히 인터넷과 SNS의 성장이 절대적인 역할을 했다. 임홍택의 『90년생이 온다』(2018)는 90년생이 좋아하는 3가지를 든다. 간단하거나 재미있거나 공정하거나. 이 중 간단함과 재미는 단연 최고의 인기 코드다.

숏폼이나 유머를 빼놓고 요즘의 예능 세상을 말할 수 있을까.

	A급	B급
특징과 의미	미적 수준과 완성도 중요 작품성, 주류 고급문화	재미와 웃음, 다양성 대중성과 오락성, 하위문화
제작 방식	예산, 인력, 장비의 최대화	저예산, 가성비, 1인 또는 소수
역사	전통적, 엘리트적 관점	인터넷과 SNS 발달로 확산
K팝 (예시)	신비감과 동경 치밀한 세계관, 칼군무·퍼포먼스 코어 팬덤 위주	솔직함과 공감 일상적인 모습 어필 라이트 팬덤으로 대중화

단순화한 A급과 B급의 비교

B급 감성의 콘텐츠가 갈수록 인기와 위력을 더하고 있다. B급이라면 뭔가 부족하고 열등한 싸구려 이미지를 떠올리기 쉽지만, 그들은 당당하다. B급의 역사는 나름 화려하다. 1930년대 대공황이 강타한 미국 할리우드에선 완성도 높은 영화에 저예산 제작 영화를 끼워 파는 불황 탈출 전략이 유행했다. 신인급 작가나 감독에게는 새로운 기회의 실험이라는 뜻밖의 효과 덕분에 관심이 지속됐다.

1990년대 천편일률적인 블록버스터 무비로 영화계가 획일화 위기에 빠져 있을 때, 혁신의 새바람이 된 것도 B급 영화 중심의 다

원주의 감수성 코드다. 지금은 주류가 된 쿠엔틴 타란티노, 왕가위, 로버트 로드리게스 같은 비디오 키드 출신 감독들이 맹활약했다. 특히 〈펄프픽션〉(1994)은 뒤죽박죽 시간 구성과 강렬한 B급 표현으로 칸영화제 황금종려상을 수상하며 영화사에 일대 선풍을 불러왔다.

여전히 돌풍은 이어진다. 2023년 아카데미 시상식에서 7관왕을 휩쓴 〈에브리씽 에브리웨어 올 앳 원스〉는 멀티버스 소재의 저예산 영화로 큰 반향을 일으켰다. 뉴욕타임스가 '무성한 장르, 무질서한 소용돌이'라고 표현할 정도로 B급 스타일 속에 온갖 상상력이 폭발한 영화다.

감독인 다니엘 콴은 수감 소감에서 말한다.

"세상의 기준에 맞추려고 노력하지 말아라. 모든 사람에게는 위대함이 있다. 당신이 누구든 각자의 보석, 천재성을 갖고 있다는 걸 잊지 말라"

K컬처, B급에서 폭발하다

K컬처의 역사에서 역대급 B급 주자라면 단연 싸이의 2012년 곡 〈강남스타일〉이다. 음악시장의 주류인 미국 본토의 눈길을 단숨에 사로잡아 K팝의 위상을 글로벌 수준으로 끌어올렸기 때문이다. 그때까지 K팝은 '소수의 마니아 음악'으로 불렸다. 원래는 국내 시장을 겨냥해 만든 코믹 콘셉트의 곡, 1980년대 한국의 나이트클럽에서 유행하던 '말춤' 퍼포먼스에 전 세계가 이렇게 폭발할 줄 누가 알았을까. 조회수와 패러디 영상이 폭증하면서, '강남'은 순식간에 한국 관광의 핫플로 떠올랐다.

〈강남스타일〉이 세계적으로 인기를 끈 데는 유튜브의 역할이 절대적이다. 특히 K팝의 성공은 음악감상이 음반에서 '음원 스트리밍'으로 변하는 미디어 환경에 빠르고 유연하게 대응한 점이 결정적이다. 2005년에 오픈한 유튜브가 엔터테인먼트 유통의 핵심 채널이자 공룡 플랫폼으로 떠오른 시절이다. 유튜브를 통해 즐기는 방식은 '새롭고 재밌는 감각과 스타일 따라 하기', 시대의 행운이 강남스타일과 K팝에 날개를 달아준 셈이다.

K드라마는 넷플릭스 같은 OTT 플랫폼이 '게임 체인저'가 됐다.

1세대 한류드라마의 경우 한국 지상파 방송사가 제작해 수출하는 시스템이었다. 2010년대 중반 OTT 플랫폼이 주된 유통 창구로 부상하면서 K드라마는 전 세계 수억 명의 시청자를 일시에 확보하는 효과를 거두게 된다. 누구나 스마트폰을 통해 손쉽게 드라마를 접하는 시대, '취향의 개인화'라는 트렌드가 K드라마 인기를 끌어올린 것이다.

고객에게 눈을 맞춘다는 것

홍보 마케팅의 키는 내가 말하고 싶은 게 아니라 '상대가 알고 싶은 것'에 있다. 공급자의 눈이 아니라 수요자인 고객 마인드가 핵심이다. 또한 유튜브처럼 그들이 원하는 방식으로 다가가는 것이 중요하다. 상대방 눈높이에 맞추기와 밀착 소통은 기본 중의 기본이다.

글을 쓰면서 내가 늘 아쉽게 생각하는 건 '재미와 웃음'이다. 쓰다 보면 자꾸 진지한 쪽으로 가기 때문이다. 글에 재미와 웃음 코드가 담기는 건 상당히 높은 경지 같다. 알고 보면 B급이 아니라 인간의 본능과 욕망을 읽는 능력이 필요할지 모른다. 독자의 눈높이에 맞추려면 쉽고 재미있게, 그들에게 다가가야 하는데 오늘도 숙제에 고심한다.

알고 보면 우리는 B급 인생

K컬처는 세계인들의 마음을 울리면서 최고의 히트상품이 됐다. 핵심은 누구에게나 친근하게 다가가고 쉽게 따라 할 수 있다는 점. 사람들의 기억에 하나의 밈이나 유행처럼 머물게 된 게 성공 요인으로 작용했다. 어느새 우리 일상의 빼놓을 수 없는 친구 같은 존재인 유튜브나 OTT 플랫폼의 역할도 크다. 우리에게 날마다 반복되는 평범한 순간들, K컬처가 그런 순간을 함께하는 동반자로 남기를 기원한다.

나이 들수록 '인생에 별것 없다'는 생각을 한다. 하찮고 무의미하다는 말이 아니라 무겁고 대단하게 생각할 필요가 없다는 뜻이다. 살면서 모두 꿈을 꾼다. 마음속에 품은 별 같은 순간, 별처럼 빛나는 한 사람을 기다리기도 한다. 모두가 원하는 데 이르지는 못하지만, 우리 인생에는 그런 순간을 향해 애태우던 숱한 기억이 남는다.

일상의 모든 순간은 어쩌면 B급에 가깝다. 정제되지 않은 채 우리 삶을 이루는 그런 날것의 감정과 행동들, 평범하지만 아름답고 소중한 순간이 아닐까. 오늘도 스쳐 지나가는 것들에 애쓰는 사람들을 생각한다. 소소한 것들에 감탄하는, 일상의 모든 순간에 응원을 보낸다.

4.

내 인생 최고의 장면
3가지

내 인생의 3대 사건

3가지로 생각하는 걸 좋아한다. 한두 가지면 조금 간단하고 넷을 넘어가면 장황해지기 쉽다. 질의응답을 하거나, 특히 답을 할 때 3가지 옵션은 내게 유용하다.

퇴직한 후 종종 지나온 길을 돌아본다. 내 인생의 3대 사건은 무엇일까. 사진 1장으로 가장 선명하게 떠오르는 장면은 무엇일까. 30대 후반에 떠난 영국 연수, 학교 캠퍼스가 먼저 떠오른다. 미지의 세계에 대한 두려움으로 시작한 2년간의 시간 덕분에 내 인생의 시야와 지평은 놀랍도록 확장됐다.

두 번째는 박사과정에 다니던 학교의 봄철 어느 날, 화사하게 꽃이 핀 따사로운 교정이다. 40대 중반에 시작한 학과 수업은 만만치 않았어도, 하고 싶은 공부를 하는 게 즐거웠다. 지식의 깊이와 내공이 한 단계 업그레이드된 시기다.

마지막으로 2022년 여름날, 두 번째 책을 낸 날이다. 서점에 깔린 책을 보며 나는 특별한 기분에 휩싸였다. 첫 책이 지식과 전공 관련이라면 두 번째는 일상이 중심이다. '일에서 삶으로' 옮겨간 시선, 코로나 시절 브런치스토리에 하나씩 쓴 글 덕분이다. 3가지 장면은 내 인생 여정의 전환점이다.

창의적인 생각과 마케팅

세상을 살면서 '마케팅'이 중요하다는 걸 실감한다. 비즈니스만이 아니라 인생도 마찬가지. 모든 조직은 마케팅이 필수고 개인도 그렇다. 마케팅은 기업이 상품을 고객에게 유통하는 모든 활동을 말한다. 개인이라면 내가 세상과 소통하는 방식이다.

마케팅의 3요소는 기업의 상품, 고객의 수요 및 유통이다. 나

(기업)를 기준으로 했을 때 상대(고객)와 '상대에게 이르는 방법'(유통, 소통)이다. 우리는 내가 알리고 싶은 것, 동시에 상대가 원하는 것을 충족하기 위해 여러 가지 방법을 궁리한다. 마케팅 마인드가 뛰어난 사람(기업)은 훨씬 효과적으로 바라는 결과를 얻을 수 있다.

① 기업은 '주체' (나) ② 고객은 '객체' ③ 유통은 '매체'(연결과 소통)

마케팅의 3요소

K컬처와 마케팅

K컬처는 참신하고 역동적인 매력으로 세계인에게 어필했다. 특히 변화와 트렌드를 읽고 외부와 빠르게 소통하는 마케팅 감각은 놀라운 성취로 이어졌다. K팝은 한국형 매니지먼트 시스템을 장착하고 유튜브와 디지털 유통 혁명을 통해 세계인을 사로잡았다. 강

력한 글로벌 팬덤이 이를 뒷받침한 덕분에 도약의 날개를 달았다.

K무비는 시장 개방에 대응한 활로 개척 과정에서 산업의 내적 역량을 키우며 효과적인 마케팅을 전개했다. 영화 한류의 시작은 1990년대~2000년 초, 숱한 위기를 맞으면서도 한국영화는 시야를 외부로 돌렸다. 세계 곳곳에서 한국영화제를 꾸준히 개최하고 국제영화제의 호평을 받는 등 저변과 팬덤층을 확대한 것이다.

K드라마는 OTT라는 게임 체인저와 절묘한 만남을 통해 새로운 콘텐츠 보고로 주목받고 있다. 가족과 청춘, 로맨스가 중심이던 '한류드라마'에서 2010년대 중반 이후 다양하고 독특한 장르물의 'K드라마'로 진화하는 중이다. K콘텐츠의 성공은 K푸드, K관광 등 다양한 분야와 시너지 효과를 일으키며 세계에 확산하고 있다.

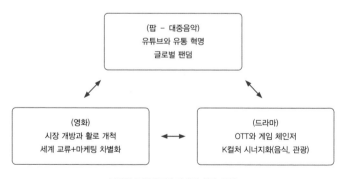

K컬처 3대 장르의 마케팅 성공 요인

내 인생의 마케팅 방식

다시 내 인생의 장면 3가지로 돌아온다. 나는 왜 그 장면을 인생의 최고 순간으로 꼽았을까. 지적인 호기심과 미지의 세계에 대한 탐험 욕구가 아니었을까 싶다. 무언가 새로운 것을 알아가는 게 나는 즐겁다. 그런 과정과 이에 필요한 노력은 스스로 한발씩 성장하는 자극과 도전이 된다.

그렇다고 성취 능력과 수준이 아주 뛰어난 건 아니다. 그런 과정은 때로 힘들고 스트레스가 된다. 다만 내가 수용할 수 있는 범위에서 즐기려고 한다. 정기적으로 글을 쓰는 것 자체가 이젠 소중한 일상이 됐다. 큰 호응이나 인기를 구하기보다 적절한 거리를 두고 나의 스타일과 속도를 유지하는 게 편하다.

비록 소수라도 내 글을 읽는 독자(고객)와 진정 어린 소통을 할 수 있다면 더할 나위 없다. 독자나 고객과 소통하려는 노력은 갈수록 중요하다고 생각한다. '구독'이나 '좋아요'를 누르는 횟수도 많아지고, 댓글로 소통하는 때도 늘어난다. 한 사람 한 사람이 모두 소중하다는 생각이 커지면서 그들의 정성에 응원하려는 마음을 절실하게 느낀다.

자신에게 적당한 방식으로 만족과 소통을 나누는 것, 이를 가르쳐준 것은 '고객과 소통이 중요하다'는 마케팅의 가르침이 아니었나 싶다. K컬처가 마케팅에서 성공의 역사를 만든 것처럼, 우리 각자도 자신에게 맞는 소통방식을 찾을 필요가 있다. 늘 내 삶의 고객과 세상의 목소리에 귀를 기울이는 게 중요하다.

5.

K컬처를 만든
3가지 정책

정책은 터닝 포인트를 만든다

한류와 K컬처의 성공 요인을 한마디로 말하기는 어렵다. 복합적인 산물이기 때문이다. 정부의 정책은 어땠을까. 결론적으로 '결정적이진 않았지만 매우 중요했다'가 아닐까 싶다. 공무원 출신에 문화 정책을 담당했던 한 사람으로서 정책의 의미를 강조하고 싶은 마음은 크지만, 조심스러운 것도 사실이다.

정책의 역사를 돌아보면서 큰 흐름을 바꾼 전환점을 새겨본다. 오늘의 한국 문화를 이루는 데 디딤돌이 된 정책들. 개인적으로 운이 좋았다고 할까. 그 정책은 공직 생활 중 내가 맡았던 업무나 부서와도 인연이 깊었다. 뭔가 치고 나가는 시대의 분위기를 체감하면서, 즐겁고 활기차게 일했다는 생각이 든다. 국가에도 이로웠고, 개인에게도 행복감을 주었던 그 일들을 하나씩 살펴본다.

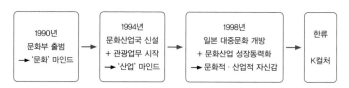

K컬처를 만든 정책의 역사. 문화와 산업의 유기적인 결합이 K컬처로 이어졌다

(1) 문화 담당 독립부처 출범으로 '문화' 마인드 제고

새내기로 공무원 생활을 시작한 지 불과 1년, 조직이 둘로 갈라진다는 소식은 충격적이고 당황스러웠다. 내가 원하지 않는 곳으로 갈 수도 있기 때문이다. 문화를 담당하는 독립부처인 문화부가 출범하게 된 1990년은 문화 정책의 획을 그을 만큼 의미가 특별하다. 권위주의 정부 시절, 문화는 정권의 이념적 도구와 수단 역할을 했고, 국정홍보 업무와 기형적인 결합 상태에 있었다.

기대와 우려 속에 홀로서기를 시작한 문화부에 초대 이어령 장관은 적임자였다. 기발한 아이디어와 순발력, 특유의 개인기와 추진력을 바탕으로 국정 전반과 문화부 내부에 새바람을 일으켰다. 힘도 없고 존재감도 약한 문화정책이 체계적인 방향과 틀을 갖추기 시작한 계기다.

'문화 발전 10개년 계획'이 수립되고 '문화의 생활화와 대중화'라는 새로운 정책이 추진됐다. 지금 생각해 보면 시대를 앞서갈 정도로 혁신적이었다. 장관의 기상천외한 지시를 어떻게 실행할 것인지 상사들이 끙끙대는 모습을 지켜보면서도 일하는 맛이 났다. 나는 '생활문화' 업무를 맡아 당시 공무원으로선 희한한 일에 빠져 여기저기 쏘다니곤 했다. 생활문화는 의식주 라이프 스타일을 총괄하는 개념이라, 해야 할 업무 범위는 구분이나 한계도 없이 게릴라 식이었다.

도시의 좁은 자투리 공간에 '쌈지공원'을 조성한다며 구석구석 현장을 답사하고, 그때엔 개념조차 없었던 '주방용 가위'를 개발하기 위해 식칼 제조업체도 수소문했다. 국토의 끝인 마라도(제주)와 명파리(고성) 등지의 청소년들에게 그림엽서를 만들어 보내면서 시인들(고인(故人)이 되신 김남조, 조병화 등)의 신작 시를 받으러 자택까지 방문한 일도 기억에 생생하다.

(2) '산업'에 눈을 뜨게 한 문화산업과 관광

1990년대는 신자유주의와 세계화 물결이 몰아치던 시기다. 특히 1994년은 문화산업국을 신설하고 관광업무를 새로 시작(건설교통부에서 인수)하면서, 문화부가 본격적으로 '산업 마인드'에 눈을 뜬 해다. 당시 문화의 가치와 파급효과를 한 방에 정리한 카피가 엄청난 화제를 일으켰다. 영화 〈쥬라기공원〉 1년 흥행수입이 한국 자동차 150만 대 수출 효과와 같다는, 놀랍고 충격적인 비교였다. 당시 나는 영화 담당 부서에 근무하면서 정통부, 산업부와 함께 영상산업을 지원하기 위한 보고에 참여한 실무자였다.

문화산업국을 신설할 당시 촌극 같은 일이 떠오른다. 업무 파트너로 친해진 산업 담당 주무 부처에 문화'산업'이라는 용어를 써도 되겠냐고 문의한 것이다. 지금으로서는 상상이 안 되지만, 문화부 업무의 현주소를 실감하게 한다. 문화는 그만큼 돈이나 산업, 경제와는 거리가 있다고 여긴 시절이다.

한국의 문화산업 개념은 1980년대 영화시장 개방과 함께 싹이 튼다. 할리우드 영화의 직접 배급, 한·미 영화협상 등 개방의 위기와 파고를 넘으며 국내 영화산업 또한 큰 변화의 소용돌이를 겪었다. 산업적 역량이 조금씩 갖춰지던 시절, 문화산업국 신설은 정부 차원에서 정책 지원체계를 구축하는 과정의 하나였다.

그때 저작권이나 통상협상이 관련된 일은 조직 내에서도 어렵고 힘든 기피 업무에 가까웠지만, 점차 업무량이 늘며 중요성도 한층 두드러졌다. 나는 영화 업무를 2년여 맡으면서 생소했던 산업 감각과 국제 동향을 가까이서 배울 수 있었다. 이 또한 개인적으로도 관심 분야의 확장과 경력 관리에 큰 도움이 됐다.

(3) 일본 대중문화 개방과 문화산업 정책 드라이브

1998년은 IMF 체제라는 절체절명의 시기였다. 우리 국민의 저력과 국가 위기관리가 빛을 발할 때, 김대중 대통령은 '문화 대통령'이라고 불릴 정도로 문화에도 조예가 깊었다. '지원하되 간섭하지 않는다'는 문화 정책의 기조가 확립되고, 문화산업과 관광을 국가 핵심 산업으로 육성하기 위한 정책 드라이브가 이뤄졌다. 문화적 · 산업적 자신감이 표출된 국운 회복 노력은 한류 발전의 토대 구축이라는 가시적인 정책 성과로 이어졌다.

가장 과감하고 상징적인 정책은 1998년부터 단계적으로 추진한 '일본 대중문화 개방'이다. "좋은 일본문화는 받아들이자"고 하면서 부정적인 국내 여론을 정면 돌파하는 승부수를 던진 것이다. 결과적으로 국내 산업 피해는 크지 않아, 한국의 문화산업을 위기에서 기회로 바꾼 결단의 순간으로 기록됐다. 방어보다 '개방과 협력'이 훨씬 유용한 생존 법칙이고, 우리가 추구해야 할 발전 전략이라는 걸 극적으로 보여준 사례다.

　또 하나, IMF 외환위기에 대응해 문화산업이 국가 성장 동력으로 본격 육성됐다. 문화계의 숙원이던 정부예산 대비 문화예산 1% 공약도 사상 처음으로 달성됐다(2000년). 당시 나는 영국 연수 후 복귀해 문화산업 총괄 업무를 맡았는데, 8월인데도 무려 326억 원이라는 예산이 미집행 상태였다. 이후 5개월간은 직장 생활 중 최고로 신나게 일하면서 돈도 원 없이 쓴 시간으로 기억된다. 야근이나 주말 근무는 예사였어도, 힘든 만큼 보람도 큰 시절이었다.

　이때 마련된 정부의 문화산업 지원제도와 시스템은 한류와 K 컬처 발전의 확고한 기반이 되었음은 물론이고, 이후 많은 나라들의 벤치마킹 대상으로도 떠올랐다. 개인적으로도 행운이 따랐다. 2010년에 내가 쓴 박사 논문 주제가 바로 문화산업과 콘텐츠 육성을 추진한 당시의 정책 추진 과정이었기 때문이다. 정책 담당자로서 외부에서는 결코 알 수 없는 역동적인 추진 과정을 누구보다 생생하게 기록하고 증언할 수 있었다.

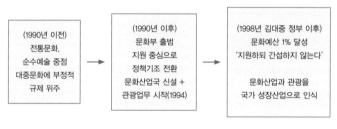

한국의 문화 정책 개요

한국의 문화 정책 3단계

한국의 문화 정책은 크게 3단계로 구분할 수 있다. 개인적으로 꼽은 구분과도 어느 정도 흐름을 같이한다. 특히 한류와 K컬처의 핵심을 차지하는 대중문화에 대해서는 오랫동안 규제 위주의 부정적 시각이 주류였다. 문화부 출범, 문화산업국 신설 등을 계기로 정책의 틀이 크게 변화하였고, 김대중 정부 이후 문화산업과 관광이 국가의 핵심 성장 동력으로 자리 잡게 된다.

이런 정책 흐름 속에서 태동한 한류는 오늘날 세계적인 인기와 관심을 받는 K컬처로 우뚝 서게 됐다. 문화와 산업 마인드가 다져진 토대 위에서 일본 대중문화 개방은 자신감 있게 이뤄질 수 있었다. 선배들의 땀과 성취는 그대로 후배들의 자산이 되고 한 단계 도약하는 발판으로 작용한 것이다.

역사의 터닝 포인트를 만들었던 순간을 새겨볼 필요도 크다. 혁신적인 정책을 선도적으로 추진한 지도자들의 혜안이 고비마다 결정적 역할을 다했기 때문이다. 이어령 장관이 애용한 표현을 든다면 시대의 '불쏘시개와 부지깽이' 같은 사람들, 그들의 한없는 열정과 헌신을 기억했으면 한다. 김대중 대통령은 "산업화에서는 뒤졌어도 정보화에서는 앞서가자"며 포용과 혁신의 지도력으로 한국이 ICT와 콘텐츠 강국으로 거듭나는 데 반석을 놓았다.

정부와 민간이 함께 가야 한다

외국의 일부 언론은 초기 한류의 성공이 '쥬라기공원 효과'에 따라 한국 정부가 추진한 강력한 정책의 결과라고 언급했다. 하지만 다수 한국학자의 평가는 절반은 맞고 절반은 틀렸다고 생각한다.

어떤 성공은 정책의 덕을 봤지만, 어떤 성공은 자생적이었기 때문이다.

정부 역할은 물론 강력하다. 특히 한국적인 상황이라면 더욱 그렇다. 압축성장과 산업화 시대, 정부 주도의 정책 드라이브가 기적 같은 성장 스토리를 써나갔기 때문이다. 유례가 드문 성공사례는 '한국적 발전모델'로 불렸다. 한류와 K컬처도 상당 부분은 한국 정부의 놀라운 추진력과 '빠른 추격자 전략'을 성공 요인으로 거론한다. K팝의 아이돌 육성과 경쟁시스템이 특유의 한국적 모델로 꼽히는 이유와 유사하다.

정부는 위로부터 강력한 정책 담론을 제기하면서 국가 발전을 이끌고, 그 파급효과는 민간과 사회 저변에 스며든다. 중요한 건 산업 내부의 발전 동력 확보와 내적 역량 성숙이 뒷받침돼야 한다는 것, 민간의 힘과 저력이 핵심 요인이라는 뜻이다. 결국엔 정부와 민간이 함께 가는 긴밀한 협업구조를 형성해야 한다. 유기적인 협력과 동반 발전은 지속 가능한 K컬처에도 긴요하기 때문이다.

정책은 그 역할이 중요한 만큼 우리 개인의 삶과 성장에도 큰 영향을 미친다. 우리가 늘 정책에 관심과 공공의 마인드를 가져야 하는 이유다. 정책의 역사를 돌아보며 지금 우리에게 어떤 정부가 필요한지를 생각한다. 좋은 정부는 국가와 개인에게도 모두 행운 이자 행복이다.

6.

Z세대가 말하는
Me-마케팅 3단계

K컬처와 Me-마케팅

K컬처 수업을 진행한 2024년 봄학기가 끝났다. 40명의 학생과 함께 K컬처에서 우리가 배울 만한 점이 무엇인지를 찾아본 여정 이었다. 세계적인 인기를 끄는 K컬처가 한국인에게 자부심을 주 는 문화적 현상을 넘어, 우리의 실생활과 인생에 어떤 시사점을 줄 수 있는지에 주목한 시간이었다.

우리는 'Me-마케팅'이라는 이름으로 3단계 작업을 진행했다. 자신을 찬찬히 돌아보고, 내가 좋아하는 K컬처 스타를 소개하며, 최종적으로 내 인생 최고의 스타인 '나 자신(Me)'을 마케팅하는 것 이다.

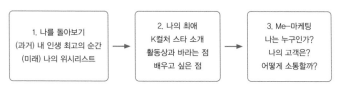

| 1. 나를 돌아보기 (과거) 내 인생 최고의 순간 (미래) 나의 위시리스트 | → | 2. 나의 최애 K컬처 스타 소개 활동상과 바라는 점 배우고 싶은 점 | → | 3. Me-마케팅 나는 누구인가? 나의 고객은? 어떻게 소통할까? |

K컬처에서 배우는 Me-마케팅 3단계

1단계인 나를 돌아보는 작업은 2가지, '내 인생 최고의 순간'으로 과거를, '나의 위시리스트(버킷리스트)' 작성을 통해 지금과 미래를 생각해 본다. 2단계인 '내가 최고로 좋아하는 K컬처 스타'는 K컬처 소비에 드러난 나의 욕망을 살펴보는 단계. 스타의 어떤 점에 끌렸는지, 더 바라거나 배우고 싶은 모습은 무엇인지를 알아본다. 마지막으로 자신을 본격적으로 들여다보는 단계, 마케팅 관점을 활용해 자신을 입체적으로 분석한다. 자소서를 쓸 때 유용한 접근법이 될 수 있다.

처음엔 다들 생소한 탓인지 고민하는 시간이 길었는데, 차츰 빈칸을 채우며 자신감을 찾는 눈치였다. 수업을 진행하면서 학생들의 반응에 여러 번 놀랐다. 발표를 듣고 제출한 자료를 보면서 요즘 젊은 세대들의 생각을 엿볼 수 있어 흥미로웠다. 동시에 나의 20대는 어땠을까, 돌아보며 추억에 잠긴 적이 한두 번이 아니었다. 소감을 3가지로 정리해 본다.

(1) 나는 나를 얼마나 알까

우리는 의외로 자신을 잘 모른다. 학업으로, 업무로 바쁘게 생활하다 보면 그냥 떠밀려가듯이 사는 경우가 많다. 진지하게 자신을 대면하는 게 익숙하지 않거나 두려운 사람도 있다. 나이 든 세대에 비해 젊은 세대는 잠시 멈춰서 자신을 돌보는 일이 더 드문 것 같다. 앞만 보고 달리는 한창때이기 때문이다.

학생들에게 '내 인생 최고의 순간'을 적어보라고 했더니, 다들 처음엔 고심하는 표정이 역력했다. 하지만 막상 발표를 들어보니 딴판이었다. 난데없는 이야기 세상이 펼쳐진다. 역시 사람의 인생은 그 숫자만큼 다양하고 풍부하다는 생각이 들었다. 발표가 끝나고 소감을 말하는 시간, 이구동성으로 "내게 이런 멋진 순간이 있었다니?" 하면서 놀랐다고 한다.

그들의 이야기는 내 젊은 시절보다 훨씬 생생하고 흥미진진했다. 나는 내성적인 성격에, 낯선 세상에 대한 두려움으로 성장이 늦은 편이었다. 20대에 들어선 공무원으로 30여 년, 결혼 후 한 아이의 아버지로 살았는데 지금 돌아보면 인생에 대해 얼마나 진지했는지 의문이 든다. 나이 60을 넘고 은퇴할 무렵에야 자신과 세상이 조금씩 보이는 것 같다.

(2) 남들에게 배우고, 해보면서 성장한다

수업이 끝난 후 강의 평가를 통해 놀란 것 중의 하나는 '토론과 발표'에 대한 부분이었다. Me-마케팅 3단계 중 1, 2단계는 토론과 발표를 통해 이루어졌다. 요즘 젊은 친구들은 실제 발표를 하면 잘하는데, 처음엔 상당히 어색해한다. 코로나 비대면 시대의 후유증에다 다른 전공의 낯선 학생이 섞인 교양과목인 것도 이유였을 것이다.

강의 평가를 종합해 보니 'Me-마케팅과 발표'가 좋았다는 학생이 절반 가까이에 이르렀다. "처음엔 어색했는데, 막상 해보니 좋았다"는 게 다수였다. 다른 학생들의 이야기를 들으면서 호기심이 발동하고 배운 점이 많았다고 한다. 반면 '발표 부담'을 밝힌 학생도 있어 대면을 꺼리는 세태도 여전했다.

발표 시간이면 나는 영국 연수 때 배운 방법을 즐겨 사용한다. 혼자가 아니라 '2인 1조'로 팀을 이뤄 '내가 아니라 상대'를 소개한다. 2명이 서로 친해지면서 어색함을 줄이고 밀도 있게 알아가는 장점이 크다. 영국에서 처음 만난 학생은 덴마크 출신의 피터였다. 북유럽 특유의 하얀 얼굴에 늘 웃는 피터와는 이내 친해졌다. 2년 동안 종종 어울리며 펍에서 맥주를 마시고 여행도 다녔다. 피터는 한국 여학생과도 사귄다고 했는데, 소식이 끊긴 지금은 어떻게 사는지 궁금하다. 동양에서 온 36세 늦깎이 남학생에게 가르침을 준 올리버 교수도 그리워진다. 한결같던 그의 친절함에 감사의 마음을 잊을 수 없다.

(3) 나를 소개하는 일, 자신 있거나 관심 없거나

최종 단계로 마케팅의 관점에서 자신을 소개하는, 'Me-마케팅'이다. 문제에 포함된 Me-마케팅 답안지를 본 나는 또 한 번 놀랐다. 절반 정도의 학생이 기대 이상 열성적으로 자신을 소개했기 때문이다. MBTI를 활용하는 건 요즘 기본이지만, 그들은 자신의 성격과 관심사를 상세하게 소개하고 가족과 친구, 진로에 대해서도 자신감 있게 표현했다.

요즘 학생들은 중간고사, 기말고사를 보면 10~20분 만에 후다

닥 문제를 풀고 나가는 경우가 대부분이다. 가르치는 사람으로서 혀를 차며 놀랄 일이지만, 이제 그러려니 한다. 근데 이번엔 끝까지 남아 빈칸을 꼼꼼하게 메운 학생이 다섯이었다.

절반 가까운 비율의 학생은 아쉽게도 반응이 달랐다. 20% 정도는 빈칸이나 한두 줄, 30% 정도는 기본적인 성의를 담은 소개에 그쳤다. 자신을 바라보는 일이 아직 낯설고 어려운 일임을 방증하는 것 같다.

그냥 나의 인생을 살면 된다

'평범한 인생, 특별한 굴곡이 없는 삶', 젊은 세대가 자신이 살고 싶은 미래를 그리면서 종종 쓰는 표현이다. 나이 든 세대가 보면 조금 한심하다는 느낌이 들 수도 있다. 우리 세대는 '호연지기(浩然之氣)'나 'Boys, be ambitious!(소년이여, 야망을 가져라)' 같은 말을 들으며 꿈을 키웠기 때문이다. 무엇보다 그게 당연하고 그렇게 살아야 하는 줄 알았다.

송길영의 『시대예보: 핵 개인의 시대』(2023)는 "문제는 '나이'가 아니라 '나'이다"고 말한다. 나이가 중요한 게 아니라 내 존재의 의미를 갖고 주체적으로 살 수 있으면 충분하다는 말이다. 그러면서 한 예능 프로그램에서 이효리 씨가 한 말을 소개한다. 길거리에서 만난 어린이에게 한 출연자가 "훌륭한 사람이 돼라"고 했는데 이효리 씨는 "뭘 훌륭한 사람이 돼, 그냥 아무나 돼"라고 했다는 것이다. 이 장면에 많은 사람이 공감의 박수를 쳤다고 한다.

중요한 건 '나답게 사는 것'이다. 내게 맞는 삶, 내가 바라는 인생을 선택하면 된다. 그러기 위해서는 무엇보다 나를 잘 아는 게 우선이다. 'Me-마케팅' 3단계는 자신을 찾아가는 한 방법이 될 수 있다. 나 자신과 내가 좋아하는 K컬처 스타를 보며 내 인생의 욕망과 취향을 돌아보는 것이다. 자세히 들여다보면 자신의 진짜 모습이 하나씩 보이고, 살고 싶은 나만의 인생이 그려지기 마련이다.

꼭 좋은 자리에 오르거나 훌륭한 사람이 되려고 할 필요는 없다. 자신에게 맞는 길을 찾고 거기서 행복을 느끼면 된다. 이제부터 내 행복은 내가 정한다.

7.

내 인생의 스타는
누구일까

내 인생으로 떠나는 3단계 여정

Z세대 학생들과 진행한 'K컬처에서 배우는 인생'은 Me–마케팅을 주제로 '내 인생의 스타'를 찾아보는 3단계 작업이 핵심이었다. 이번에는 학생들의 구체적이고 생생한 이야기를 소개한다. 학생들의 이야기는 발표와 과제 제출, 기말시험 등 여러 경로를 통해 확인하고 종합했다. 세부적인 워딩은 가급적 그들의 원래 표현을 존중해서 정리했다. 대한민국 젊은이들이 자랑스럽게 느껴지며 응원하고 싶은 마음이 들지 않을까 싶다.

(1) 내 인생 최고의 순간

1) 자기 결정

학생들이 꼽은 내 인생 최고의 순간은 무엇일까. '진로 결정과 대학교 합격'을 꼽은 학생이 다수였다. 미래를 진지하게 생각하고 "처음으로 스스로 결정을 내린 자신"에 대한 믿음과 자긍심을 느꼈다는 것이다. "꿈에 한 발짝 다가설 수 있는 기회"를 만난 행운에 감사한다고도 했다.

순간 내가 틀렸다는 생각이 들었다. 요즘 대학입시, 전공 선택 시 적성보다는 '점수'에 맞춰 눈치껏 지원한 건 아닐까, 지레짐작했기 때문이다. 자신의 결정에 자부심을 가진 20대, 그들은 내 예상보다 훨씬 확신에 찬 최고의 순간을 떠올렸다.

2) 감사

다음으로 기억에 많이 남는다고 한 건 '고마운 사람'이다. 소중한 사람에게 이토록 감사를 전하는 학생을 만날 줄이야. 절로 가슴이 따뜻해지며 기분이 좋아진다. 서로의 마음을 나누는 감사 표현은 상대의 마음을 헤아릴 수 있는 사람만이 가능하다. 나는 과연 그랬을까 의문이 든다. *아래는 학생들이 직접 표현한 문구다.

－ 항상 저를 위해 아낌없이 지원하고 믿어주셔서 부모님이 고
  맙고 존경스럽다.
－ 아버지는 누구보다 나를 생각하고 조언해 주는 든든한 존재다.
－ 고1 때 파스타를 사주시며 좋은 말씀을 해주신 담임 선생님이
  그립다.

3) 자유와 성장

역시 젊은이답다. 성인이 되어 금기에서 해방된 일이 강렬하게
남는다는 학생도 많았다. 그중에선 단연 술과 여행이 최고. 인생의
새로운 세계에 눈을 떠가는 순간은 누구나 잊을 수 없을 것이다.

－ 친구들과 20살 되고 처음 술집에 간 일이 기억에 남는다.
－ 친구들과 술 진탕 마시고 놀던 일이 잊히지 않는다.
－ 술에 취하면 어떤 느낌인지 궁금했기에 기대감이 크고 즐거
  웠다.

여행의 순간과 추억을 돌아본 학생도 많았다. 두근거리는 마음
으로 날것의 세상과 부딪치며 한 단계 성장하는 게 여행 아닌가.

－ 혼자 10박 11일 동남아 여행을 한 내가 자랑스러웠다.
－ 여행 가보면 내 고민이 별것 아니게 느껴져 여행을 좋아하게
  됐다.

– 첫 해외여행 다녀온 뒤 느낀 평화로움이 좋았다.

때로는 남들에겐 특별한 것 없는 어떤 순간이 기억 속에 오래 남기도 한다. 한 학생은 "중3 때 학교 끝난 후 걱정 없이 강당에서 놀고 분식집 가던 순간"을 떠올렸다. 잠시 멈춰 서서 과거를 돌아보면 행복한 순간은 우리 인생 곳곳에 여운처럼 머문다. 문득 잊고 지낸 그 순간은 이렇듯 우리의 마음을 어루만지며 위로한다.

(2) 내가 좋아하는 K컬처 스타

하늘의 별처럼 빛나는 존재인 수많은 스타, 학생들은 '나의 최애 K컬처 스타'로 누구를 꼽았을까. 블랙핑크, 아이브, 백예린, 라이즈, 아린(오마이걸) 등 K팝 스타가 압도적인 비중을 차지했다. "학교 축제에 와주면 좋겠다"는 희망도 이어졌다. 다음은 연예인(예능인)으로 차은우, 강호동, 백종원, 마동석, 차승원 등. 스포츠 스타로는 손흥민, 이강인이 올랐다. 별처럼 많은 스타라 그럴까. 2표 이상 복수표를 얻은 경우는 딱 1명, 차은우였다.

스타는 최고의 재능으로 이미 인기 정상에 오른 프로 중의 프로다. 그들을 좋아하는 이유로 학생들은 무엇을 꼽았을까. '열정, 겸손과 배려, 철저한 자기 관리와 프로의식'에 주목했다. '스타에게 배우고 싶은 점'은 결국 '우리가 닮고 싶고, 되고 싶은 것'이 아닐까. '스타 마케팅'이 'Me-마케팅'으로 연결되는 이유다.

- 아이브, 악플에 자신 있게 실력으로 맞서는 태도가 멋있다.
- 위너 강승윤, 사소한 것까지 최선을 다하며 자신감 넘치고 당당한 모습에 끌린다.
- 블랙핑크, 프로다운 태도와 글로벌 소통 능력이 좋다. 다양한 음악 스타일을 희망한다.
- 잘생긴 차은우, 철저한 자기 관리와 겸손함이 매력이다.
- 백종원, 요리 능력은 기본에다 쿨하고 유머 넘치는 성격을 본받고 싶다.
- 차승원, 영화에서는 카리스마 넘치는 모습과 함께 중년의 퇴폐미 같은 남성적인 면모를, 방송에서는 자연스럽고 인간적인 행동으로 반전 매력을 선사한다.
- 손흥민, 인성과 팬서비스가 좋고 주위를 잘 챙기는 것이 멋지다.

(3) 내 인생 최고의 스타

이번 마케팅 3단계의 클라이맥스는 'Me-마케팅'. 상품, 고객, 유통이라는 마케팅의 관점에서 자신을 종합적으로 소개하는 작업이다. 학생들의 반응은 극과 극으로 갈린다. 기대 이상 열성적으로 자신을 소개하는 그룹이 절반, 기본적인 성의 표시에 그친 경우가 3분의 1 정도였다. 자신을 있는 그대로 대면하는 게 쉬운 일은 아니다. 학생들의 반응을 요약하면 '자신이 넘치거나 관심이 없거나'이다. 자신 있게 소개한 학생들은 자랑스럽다는 표현을 스스럼없이 할 정도로 자존감이 높아 보였다. '자뻑 기질'을 보인 경우도 있었으나, 요즘 젊은 세대 특유의 개성과 발랄함이 드러나서 좋았다.

1) 최고의 친구는 나

결과를 종합해 본 결과, 자신을 잘 파악하고 있고 어떻게 사용해야 하는지를 고심한 학생이 많아 놀랐다. 감탄할 만한 표현 어구나 문장도 한두 군데가 아니었다. 자신을 아는 학생들은 자기확신과 자긍심이 넘쳐 앞으로 그들의 인생이 어떻게 펼쳐질지 기대감이 들었다.

– 나는 나무늘보, 귀차니즘에 빠졌다.

- 욕망의 항아리, 나는 욕심이 많아서 고민이다.
- 나는 말이 많아 어색할 틈이 없다. 노래를 좋아해 분위기를 잘 띄운다.
- 잘생기고 키가 큰 나, 성격이 쿨하고 공감을 잘한다.
- 처음 보는 사람과 즉흥적 대화에 익숙하고 분위기 바꾸는 걸 잘한다.
- 나는 어릴 때부터 피아노를 배워 무대 경험이 많고, 노래도 떨지 않고 부를 수 있다.

2) 긍정적인 자세

인생에 대한 긍정적인 태도가 인상적인 학생들도 눈에 띄었다. 그런 학생은 미래에 대한 의욕과 열정도 강하게 느껴졌다.
- 나의 인생은 '바닷물', 몇 번 넘어져도 일어서고 시간이 지나면 잔잔해진다.
- 나는 매사에 긍정적이고 남을 배려한다. 언제나 친구들에게 자상하게 말하며 아무리 친해도 말을 함부로 하지 않는다.
- 일단 하자, 시작하면 어떻게든 된다.

3) 전공 선택과 뚜렷한 직업관

자신감이 강한 학생은 진로와 인생관이 뚜렷해서 대견하고 기특한 생각이 들었다. 모든 일은 자신을 잘 아는 것에서 출발한다는 걸 확인할 수 있었다.

- 나는 남의 말을 경청하고 눈을 잘 마주칠 정도로 소통을 잘해서 간호사에 자신 있다.
- 나는 후각과 미각에 민감하다. 전공인 식품 조리에 적합해 자랑스럽다.
- 나는 손이 빠르고 타인을 돕는 데 성취감을 느낀다. 물리치료학과 선택하길 잘했다.

나의 20대는 과연 어땠을까

요즘 젊은 세대를 대하니 문득 내 젊은 시절이 떠올랐다. 나는 얼마나 자신과 미래에 대해 진지했을까. 사실 대학 진학 때 전공에 대한 지식도 부족했고 소신 있게 선택하지도 못했다. 자신을 대면하는 일은 더 늦었다는 생각이 든다. 진로를 두고 방황하면서 학교생활과 전공에 재미를 붙이지 못한 것이다. 그나마 뒤늦게 선택한 공직에 적응하면서 30여 년을 평생직장처럼 일했다. 하지만 지금의 생활이 가장 즐겁고 만족스럽다. 2023년 퇴직 후 인문학 강좌를 듣고 글을 쓰면서, 대학에서 K컬처를 주제로 강의한다.

60을 넘어서야 내게 맞는 옷을 찾았다는 생각이 든다.

젊은 시절, 감사의 마음 표현은 어땠을까. 2011년에 작고하신 아버지 생전에 진지하게 말씀드린 기억이 희미하다. 오히려 마음 한편에 원망이나 서운한 생각을 갖고 살았던 건 아닌지 후회가 된다. 생각해 보면 아버지 또한 불운한 시대와 어려운 가정형편으로 고단한 삶을 살다 가셨다. 늦었지만 힘겨운 인생을 헤쳐온 아버지에게 감사와 존경의 마음을 전하고 싶다.

대한민국 젊은이에게 응원을

이 글은 K컬처의 Me-마케팅 수업에 적극 참여한 학생들의 답변이 중심이다. 지금 젊은 세대의 일반적인 의견이 아닐 수도 있다. 하지만 자기 삶과 세상에 대한 그들의 생각을 이해하는 데 도움이 되지 않을까 싶다. 무엇보다 자신을 대면하며 자신감 있게 운명을 헤쳐 나가는 학생들의 모습에서 희망과 위안을 본다. 대한민국 젊은 세대를 응원하며, 함께한 학생들에게 감사를 전한다.

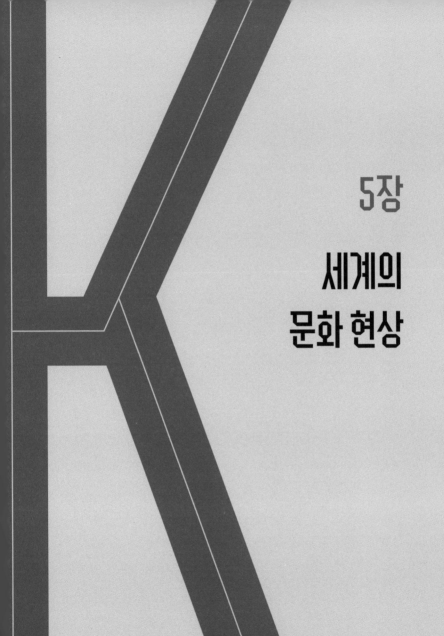

5장

세계의
문화 현상

1.

일본, 절대 만만히 보면 안 되는
3가지 이유

한국인의 최고 인기 여행지는 어디일까

단연 일본이다. 2023년 출국자 2,272만여 명 중 3분의 1 정도인 696만 명이 일본을 찾았다. 일본 내 전체 방문객의 27.8%로 압도적인 1위. 2위 대만인(420만)과 3위 중국인(242만)을 합친 수보다 더 많았다(일본정부관광국 통계).

한국을 가장 많이 방문한 외국인은 어느 나라 사람일까. 역시 일본이다. 232만 명으로 일본인 출국자 4명 중 1명은 한국을 찾았다. 한국인 방문객의 3분의 1 수준에 그쳤지만, 방한 외래객으로는 1위다. 중국이 202만 명, 다음은 미국(109만 명), 대만(96만 명), 베트남(42만 명) 순.

이처럼 한국과 일본은 서로가 외국인 방문객 중 1위를 차지한다. 그만큼 가깝고 왕래가 잦다는 의미다. 이미 역사적으로 정치, 경제, 사회 등 모든 면에서 떼려야 뗄 수 없는 관계를 지속해 왔다. 특히 문화 측면에서 일본의 J컬처와 팝, 애니메이션, 영화 등은 한국에도 많은 영향을 미치며 교류의 발자취를 이어왔다.

일본, 세계를 강타하다

K컬처를 이해하기 위해서는 세계의 문화 현상을 아는 게 필요하다. 세계의 문화 사조와 현상은 시대와 상황에 따라 변천을 거듭하기 때문이다. 특히 서구인의 동양에 대한 태도와 인식의 변화는 주목할 만하다. 오랫동안 그들은 '오리엔탈리즘'의 양상을 보였다. '동양은 열등하다'는 서양의 편견이 담긴 것으로, 특히 18~19세기 유럽 제국주의적 시각을 드러낸다.

동양에 관한 관심은 사실 중동과 인도, 중국과 일본이 중심이었다. 17~18세기 중국문화(시누아즈리, Chinoiserie)가 유행하고, 19세기에는 '자포니즘(Japonism)'이라는 일본문화 쇼크가 유럽을 강타한다. 1854년 문호 개방 후 파리 만국박람회 등을 통해 알려진 일본의 예술과 공예품이 이국적인 호기심을 자극하면서, 30년 이상 일본문화 열풍으로 이어진다. 곰브리치는 『서양미술사』에서 "인상주의 인기 요인 중 하나는 우키요에(浮世繪, 일본 목판화)로, 새로운 소재와 참신한 색채 구성을 도왔다"고 강조한다.

융성과 쇠퇴, 문화는 흐름이다

20세기 들어 일본의 문화는 영화, 출판만화, 애니메이션, 대중음악 등에 걸쳐 지속적인 관심과 인기로 이어진다. 국가적으로 일본은 1960년대 이후 30여 년간 고도성장을 통해 세계 2위의 경제 대국으로 부상한다.

이와 함께 일본 대중문화는 1980년대 최전성기에 오른다. 괴물 같은 20~30대 천재들이 등장해 문화판을 혁신하는데, 그 중심과 정점에 '아니메'(일본 애니메이션) 열풍이 있다. 〈마크로스〉, 〈코난〉 등의 작품이 아시아 전역에 확산하며 주목을 받는다. 1984년에 히트한 〈바람계곡의 나우시카〉의 미야자키 하야오 감독, 그의 활약상은 최근까지도 이어진다. 전성기 시절 일본의 대중문화는 독특한 양식과 오타쿠적 기질로 눈길을 끌었다. 내용 면에서는 인류 공통의 고민을 담은 거대하고 야심만만한 스케일과 프로젝트를 선보인 시기다.

하지만 점차 시야가 국내로 축소되며 세계적인 보편성과 공감 획득에 실패한다. 충분한 내수에 만족한 채 글로벌 개방화에 뒤처지고 '갈라파고스화' 현상에 빠져든 것이다. 1962년 창업한 연예기획사 '쟈니스'가 문화 권력화하며 엔터테인먼트 산업을 장기 독점한 것은 변화와 혁신을 외면하는 결과를 초래한다. 공유보다 보호에 치중한 폐쇄적인 음악 저작권 시장, 비주얼을 선호하고 퍼포먼스가 약한 아이돌 등은 1990년대 정점에 오른 J팝이 2000년대 들어 침체기에 빠지는 원인으로 작용한다.

(1) 기초가 강한 오타쿠의 나라

하지만 일본의 저력은 결코 무시할 수 없다. 가장 먼저 꼽을 수 있는 건 기초와 저변이 탄탄하다는 것이다. 뿌리가 강하면 쉽게 시들거나 무너지지 않는 법이다. 일본의 노벨상 수상자는 29명에 이르는데 대부분이 기초과학 출신이다. 문화예술의 기초인 문학상 수상자도 3명. 고집스레 한길을 걸으며 깊이 파고드는 '장인정신'의 성과다.

문화 측면에서는 '오타쿠'를 주목할 만하다. 일본 야노경제연구소의 자료에 따르면 인구의 10분의 1인 1,200여만 명이 만화와 애니메이션 마니아이다. 게임을 포함한 오타쿠노믹스 3대 시장이 4조 엔 규모라고 한다. 이런 인력 기반과 사회 분위기는 창작의 근간을 형성하며 일본의 문화적 역량과 지속성을 뒷받침한다.

(2) 특유의 킬러 콘텐츠가 있다

일본의 문화는 특별한 데가 있다. 독창적 장르의 대표주자로 꼽히는 게 괴수물과 애니메이션이다. 해외에서는 '서브 컬처'(소집단이 즐기는 하위문화)로 소비됐지만, 시대와 세대를 거듭하며 마니아층을 형성하고 대중성도 확보하게 된다. 지속하고 숙성도를 더하면 주류가 되는 것. 2023년 12월에는 미국 박스 오피스를 점령한다. 미야자키 하야오 감독의 〈그대들은 어떻게 살 것인가〉가 1위, 도호가 제작한 〈고지라 마이너스 원〉이 2위를 기록한 것이다.

일본은 만화산업의 세계적인 강국이다. 웹툰 같은 디지털 만화

시장은 한국에 선두를 빼앗겼어도, 만화는 문화 콘텐츠의 저수지 역할을 하는 보물창고다. 애니메이션과 연결되어 일본문화의 대표 장르로 세계적인 인기를 구가하고 있다.

2023년 국내 영화시장은 일본 애니메이션 영화가 큰 강세를 보였다. 〈더 퍼스트 슬램덩크〉와 〈스즈메의 문단속〉이 박스 오피스 순위에서 4위와 6위를 차지했다. 2019년 일본 상품 불매를 골자로 한 '노재팬' 운동의 열기가 식은 이후, 일본 만화 영화와 함께 J팝 등 J웨이브의 열풍이 입소문을 타고 인기를 이어가고 있다.

(3) 한번 깃발을 들면 무섭다

집단적인 응집력으로 국가적인 목표에 올인하는 나라가 일본이다. 과거 제국주의 시절의 어두운 모습이 기억나지만, 최근 '관광 강국'으로 거듭난 과정을 보면 놀랍다. 10여 년 전까지만 해도 일본은 외국인 관광객 수가 우리보다 적은 관광 후진국이었다. 한국이 역전을 당한 건 2015년. 일본의 관광객 수가 몇 년 사이 가파르게 상승하며, 외래관광객 1,975만 명으로 1,323만 명에 그친 한국을 크게 따돌렸다. 2018년에는 3,000만 명을 넘어섰는데, 단기간에 2,000만 명 이상의 관광객이 늘어난 건 기적에 가깝다. 한국은 외래관광객 1,750만 명이 최고 기록이다.

이는 2012년 아베 신조 총리 집권 이후 인구소멸과 고령화 문제를 해결할 신성장 산업으로 관광을 낙점하고 강한 정책 드라이브를 추진한 결과다. 총리가 직접 '관광입국 추진 각료회의'의 의장으로 활동하며 진두지휘했다. 모든 부처가 똘똘 뭉쳐 '관광 입국'을 위해 일사불란하게 움직이면서 대성공으로 이어졌다.

일본은 현재 '지방 창생'을 외치며 풀뿌리 인바운드 관광정책을 줄기차게 추진하고 있는데, 우리 정부는 관광에 대한 정책 의지가 그만큼 강력한지 업계의 불만이 제기되는 상황이다. 특히 K컬처에 관한 관심과 인기를 관광으로 연계하는 치밀한 전략과 실천 노력이 아쉽다.

문화는 서로 섞이며 발전하는 것

한국과 일본은 가깝고도 먼 나라이면서 숙명의 라이벌 같은 관계다. 면적과 인구 규모는 차이가 있어도 서로 간에 경쟁심과 대

결 의식은 은근히 강하다. 경쟁하면서 협력하고 우여곡절 속에서
도 세계적인 위상으로 발전한 나라라는 점에서 흥미롭다.

문화는 서로 교류하며 발전한다. K컬처의 태동은 J컬처와 미국
의 대중문화에서 상당 부분 영향을 받았다. 현재 K팝은 음반 판매
가 줄며 위기론에 휩싸이고 있다. 획일화 우려가 있는 K팝의 다양
성 측면에서 J팝과의 교류는 긍정적으로 작용할 수 있다. 과거 J
컬처의 역사를 살펴보면 K컬처의 발전 방향과 지속가능성에 관한
시사점도 얻을 수 있다.

K컬처 또한 홀로 빛나는 게 아니라 세계의 문화 현상 속에서 존
재하는 것이다. 끊임없이 세계의 흐름과 호흡하면서 변화하는 상
황에 대응해야 하는 이유다. K컬처와 J컬처가 상생하면서 계속
발전하기를 바란다.

2.

영국, 변방의 소국에서
역사의 주역으로

2023년 한국의 문화 침공

영국이 깜짝 놀랐다. 2023년 8월 유력 일간지 가디언은 "K팝 걸그룹이 영국을 정복했다"는 제목 아래 "걸그룹 몰락한 영국, K팝 걸그룹이 그 빈자리를 채웠다"고 대서특필했다. 실제 2023년은 K팝의 해라고 해도 과언이 아니었다. 블랙핑크가 7월 런던에서 열린 영국의 유명 음악 축제인 '하이드 파크 브리티시 서머타임 페스티벌'의 헤드 라이너(간판 출연자)로 이름을 올렸다. 바로 이어서 트와이스, 에스파, 있지(ITZY), (여자)아이들 등 K팝 걸그룹의 공연이 이어졌다.

한 해 전 2022년에는 170여 년 역사를 자랑하는 V&A 박물관

(Victoria & Albert Museum)에서 대규모 한류 전시가 열렸다. V&A는 장식미술과 공예 분야에서 세계적 규모와 내용을 자랑하는 영국의 왕립 박물관이다. 자국이 산업혁명 후 강국으로 등장한 것을 과시하기 위해 1850년 런던에서 개최한 세계 최초의 엑스포(만국박람회)를 계기로 설립됐다. 행사 수익금을 모태로 여왕과 부군의 이름을 따서 기념관을 지을 정도로 각별한 의미가 담겼다.

유럽이 K팝으로 떠들썩해진 2011년

시간을 거슬러 2011년 프랑스 파리, 2010-2012 한국방문의 해를 기념하는 'SM타운 월드투어' 공연이 열렸다. 소녀시대, 동방신기, 슈퍼주니어, 샤이니, f(x) 등 당시 한국 팝계를 대표하는 SM엔터테인먼트 소속 스타들이 줄줄이 무대에 올랐다. 대부분이 유럽 현지인인 관객들의 뜨거운 호응 속에 공연은 마무리됐고, 프랑스의 유력지인 르 몽드와 피가로는 "한류, 파리 강타", "한류, 유럽 진출"이라며 연일 보도했다.

한류가 'K컬처'로 성장하는 'K'담론의 역사에서 이 공연은 커다란 분기점 역할을 한다. 박소정(2022)은 K담론에 대한 분석을 통해 2011년을 계기로 K팝에 대한 언급과 관심이 폭발적으로 늘어났다는 것을 국내 중앙지 분석을 통해 보여준다. 이후 K컬처에 관해 관심이 크게 높아진 것은 BTS, 〈기생충〉, 〈오징어 게임〉으로 'K콘텐츠 트라이앵글'(3관왕)을 달성한 2019년 이후다. 유럽 문화의 본고장인 영국과 프랑스에서 한국 문화가 이처럼 각광받은 적은 없었다. K컬처의 잠재력과 가능성을 널리 알린 역사적 사건이 아닐 수 없다.

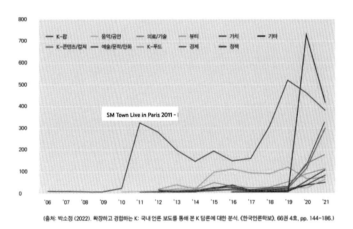

(출처: 박소정 (2022). 확장하고 경합하는 K: 국내 언론 보도를 통해 본 K 담론에 대한 분석. 《한국언론학보》, 66권 4호, pp. 144~186.)

K담론의 성장 추이

변방의 섬나라가 세계사의 주인공으로

흔히 '표준과 제도의 나라'라고 불리는 영국은 세계사의 흐름과 패러다임을 바꾼 나라다. 변방의 소국에서 16~17세기를 거치며 차츰 역사의 주역으로 등장했다. 1588년 스페인의 무적함대를 격파하며 해양 강국으로 부상한 이후 의회 민주주의의 확립(정치), 산업혁명과 자본주의의 기틀 마련(경제), 뉴턴으로 대표되는 근대 과학혁명의 선도(과학) 등을 거쳐 마침내 '해가 지지 않는 나라'라는 칭호까지 얻게 된다.

영국은 세계적인 언어인 영어의 모국이자 교육 강국인 동시에 축구, 테니스, 골프, 크리켓 등 여러 스포츠의 발상지이자 대중화를 선도한 나라로 유명하다. 특히 '축구는 영국의 가장 성공적인 수출 오락품'이라고 말할 정도. 잉글랜드의 프리미어 리그(PL)는 세계 축구의 메카 같다. 박지성에 이어 손흥민, 황희찬이 활약하고, 지구촌의 모든 축구 선수가 꿈꾸는 선망의 무대다.

미국을 강타한 영국의 대중음악

영국의 문화 저력 또한 놀랍다. 1964년 2월 세계 대중음악의 본고장이던 미국은 충격에 휩싸인다. 영국의 록밴드 비틀스가 일으킨, 이른바 '브리티시 인베이전'(영국의 문화 침공). 록음악의 종주국인 미국이 잠시 침체에 빠진 사이, 비틀스와 롤링스톤즈를 필두로 한 영국의 록음악이 문화 열풍을 불러온 것이다.

1996년엔 '스파이스 걸스'가 뒤를 잇는다. 팝 역사상 가장 성공한 걸그룹으로 꼽히는 스파이스 걸스. 개성과 자유분방함으로 무장한 걸 파워를 통해 영국 음악의 또 다른 매력을 발산한다. 멤버 중엔 훗날 축구 스타 데이비드 베컴의 부인이 되는 빅토리아가 활약하고 있어 화제가 됐다.

영미권 음악의 시초이자 대중음악계의 강자로 영국의 위치는 꾸준하다. '브릿팝(Britpop)'을 비롯해 다양한 장르를 개척하고, 세계적인 인기를 얻으며 성공의 길을 걸었다. 스타의 계보는 헤아릴 수 없을 정도로 이어진다. 핑크 플로이드, 데이비드 보위, 퀸, 레드 제플린, 엘튼 존부터 오아시스, 라디오헤드, 콜드플레이, 아델, 에드 시런 등.

21세기 소프트 파워의 나라

영국은 '늙은 신사'라는 이미지를 벗고 21세기에 소프트파워 강국으로 화려하게 부활했다. 셰익스피어의 후손답게 조앤 롤링의 『해리포터』와 톨킨의 『반지의 제왕』으로 대표되는 스토리텔링의 보고, 창조경제를 중심으로 한 'Cool Britannia'라는 새롭고 혁신적인 국가 이미지는 그런 노력의 결과가 아닌가 싶다.

여기에 또 한 나라가 소프트파워 강국으로 부상하고 있다. 유럽 문화의 선도 국가인 영국에서 '코리안 인베이전'이라고 불릴 정도로 한국 문화가 큰 인기와 반향을 일으킨 사건은 의미심장하다. 한류를 넘어 'K컬처'로 불리는 건 그만큼 세계의 시선을 사로잡았다는 뜻을 담고 있다.

미국에도 '코리안 인베이전'이란 말이 돌았다. 2020년 BTS의 〈Dynamite〉가 K팝 가수 최초로 빌보드 핫 100 차트 1위를 달성했다. BTS는 총 6곡이 핫100 정상에 올랐다. 2012년 싸이의 〈강남스타일〉처럼 반짝 인기가 아니라, 이제 K팝이 명실상부 세계 팝 음악계의 주역으로 올라섰다는 것을 보여준다.

갈 길이 먼 K팝

하지만 미래가 마냥 낙관적인 것만은 아니다. 2024년 봄 아이돌 그룹 '에스파'의 리더 카리나와 배우 이재욱의 열애 사건으로 시끄러웠다. 에스파의 극성팬들이 "배신감을 느꼈다"며 격하게 반발해 트럭 전광판 시위까지 일으켰다. 카리나는 급기야 SNS에 자필 사과문을 올렸다. 해외에서도 금방 화제가 됐다. 영국의 BBC 방송은 "카리나로 국한되지 않는다. 한국 아이돌은 압박감이 크기로 악명 높다"며 K팝 산업의 현실과 왜곡된 팬덤을 꼬집었다. 미국 CNN도 "팬들의 극단적 충성심이 K팝 스타들을 압박하고 있다"고 지적했다.

이쯤 되면 사생활 침해를 넘어 폭력에 가깝다. 아이돌과 팬이 건강한 관계를 주고받는 성숙한 팬덤 문화가 아쉽다. 스타는 '유사 연애 감정'의 대상이라기보다 '아티스트'로 인정받아야 한다. 세계적인 팝스타인 테일러 스위프트는 미식축구 선수인 남친과의 열애를 공개적으로 드러내도 그의 인기는 여전하다.

진정한 문화 선진국이 되려면

문화강국은 하루아침에 이뤄지지 않는다. 오랜 문화적 역량과 저력이 축적되면서 표출된다. 지금 한국의 K컬처가 잘나간다고, 다른 나라의 문화 현상을 결코 가볍게 봐서는 안 되는 이유다. 문화는 물결이나 흐름과 같다. 전성기가 있으면 조정기가 있고, 올라갈 때가 있으면 내려갈 때도 있게 마련이다.

'브리티시 인베이전'이든 '코리안 인베이전'이든 한때의 현상이지, 언제까지나 계속될지는 누구도 알 수 없다. 현재의 인기와 앞으로의 지속 여부는 서로 다른 문제다. 일차적으로 우리 자신이 중요하다는 건 분명하다. 진정한 문화강국, 문화 선진국으로 올라서려면 우리의 현주소와 미래에 대한 진지한 성찰이 필요하다. 멀리, 길게 보고 성숙한 의식과 포용적인 마인드를 키워나가야 한다.

3.

스페인, 인생과 역사를 이끄는
흥과 에너지

한국과 비슷한 유럽의 변방, 스페인

의외로 스페인과 한국은 인연이 깊고 비슷한 점이 많다. 한반도에 발을 디딘 최초의 유럽인은 스페인의 가톨릭 사제였다고 한다. 일본에서 1593년 한국에 온 그레고리오 데 세스페데스 예수회 신부의 활동 기록엔 한국인들이 평화를 사랑하며 지적인 민족이라고 묘사되었다고 한다.

한국과 스페인은 비슷한 현대사를 경험했다. 비극적인 내전을 겪고 급속한 경제발전을 이룩한 뒤, 오늘날 선진국의 반열에 올라선 것이다. 민주적인 정치 체제를 유지하면서 양국 간 협력 관계를 계속 강화하고 있다. 특히 흥미로운 건 두 나라 사람의 기질이 비슷하다는 점, 흥이 많고 유쾌하며 사람들과 어울리길 좋아한다. 스페인은 '한 집 건너 바(Bar)'라고 할 정도로 함께 수다를 떨며 즐기는 게 일상이다. 한국은 때로 '아시아의 라틴'이라고 불린다. 사는 모습이 비슷한 데가 많은 것이다.

세계사의 주역에서 문화의 강국으로

스페인은 유럽의 서남쪽 끝에 있는 변방이다. 여행하기 쉽지 않다. 지리적 위치 때문에 역사적으로 유럽의 중심 무대에서 살짝 비켜나 있는 느낌이다. 하지만 척박한 조건은 오히려 도전과 변화를 자극했다. 1492년 콜럼버스에서 시작한 대항해시대의 선도 국가로 부상하며, 일약 세계사의 주역으로 등장한 것이다. 이후 스페인의 무적함대가 영국에 패퇴한 1588년쯤까지 100여 년은 역사상 가장 찬란한 스페인 시대를 열었다.

스페인은 문화적으로도 세계사의 한 장을 차지하며 그들의 전통을 이어가고 있다. 문학, 미술, 건축, 음악, 영화 등 여러 분야에서 뛰어난 작가와 예술가를 배출하고, 인류의 보석처럼 빛나는 많은 작품을 선보였다. 대항해시대는 광활한 아메리카 대륙까지 스페인어권 인구를 확대하면서 그들의 문화적 지평을 넓혔다. 독특하고 매력 넘치는 역사 자원과 문화유산은 현대까지 전 세계에 걸쳐 공유 확산하고 있다.

흥과 에너지가 넘치는 나라

스페인 하면 먼저 떠오르는 건 흥과 에너지다. 유럽의 많은 나라 중에서도 뭔가 다르고 강렬하다는 느낌이 물씬 풍긴다. 축구와 투우, 플라멩코 같은 정열적인 춤, 술과 수다문화, 다혈질적인 그들의 삶이 만들어내는 왁자지껄한 생동감이 느껴진다.

스페인은 흔히 태양의 나라, 축제의 나라라고 불린다. 유럽의 최남단이라 기후 조건이 좋고 기질도 낙천적이라 일 년 내내 축제가 끊이지 않기로 유명하다. 그중에서도 최고의 축제는 이른바 '소몰이 축제'라고 불리는 산 페르민 축제, 13세기에 북부 바스크지역의 팜플로나에서 시작한 유서 깊은 종교축제다. 하지만 갈수록 흥겨운 놀이와 화합의 장으로 탈바꿈했다. 우리에게 유명한 이벤트가 좁은 골목길에서 박진감 있게 진행되는 소몰이 장면이다. 부상 위험이 있어도 사람들이 쫓기며 달리는 스릴과 흥분이 축제의 매력을 최고조로 이끈다.

이 축제에 푹 빠진 사람이 헤밍웨이다. 축제 자체가 그의 소설
『해는 또다시 떠오른다』(1926)를 통해 전 세계에 널리 알려졌다.
사냥과 낚시가 취미로 모험과 격동의 삶을 살았던 헤밍웨이는 이
축제에 9차례나 직접 참가할 정도로 열광적인 팬이었다고 한다.
스페인의 축제가 가진 마성과 중독성을 확인할 수 있다.

강렬한 여성 서사

스페인은 또 하나의 장면을 소환한다. 바로 비제의 오페라 〈카
르멘〉. 자유분방한 집시 여인인 카르멘의 격정적인 사랑과 인생
행로를 보여주는 〈카르멘〉은 1875년 초연 당시 커다란 충격과 반
향을 불러일으켰다. 논란의 여주인공인 카르멘은 밀수, 치정살인
등을 일삼으며 삶 자체가 치열한 생존과 다름없었던 최하층 집시
여인이다. 작품은 지배층의 부패상 묘사나 사회 비판적인 요소도
다분했다.

유명한 아리아인 〈하바네라〉에서 카르멘은 자기에게 무관심한

돈 호세를 유혹하면서 노래한다. "사랑은 길들지 않는 새, 누가 불러도 싫다면 소용없어… 날 사랑하지 않으면 내가 당신을 사랑할거야. 내가 당신을 사랑하면 그땐 날 조심하세요…" 카르멘은 순진하고 지질한 남자 돈 호세를 파멸로 이끄는 '팜프 파탈'의 화신, 한편으론 자신의 운명을 개척하고 사랑을 쟁취하는 여전사였다. 불꽃같은 인생의 대명사가 아닐까.

이 작품은 원작자인 메리메와 작곡가 비제 모두 프랑스인이다. 작품의 무대는 1820년경 스페인의 세비야다. 투우장, 떠들썩한 술집 등을 비롯해 스페인 남부의 정서와 분위기가 이국적이다. 질풍노도의 드라마가 펼쳐지는 오페라는 유럽의 여느 나라나 지역보다 스페인이 썩 잘 어울린다는 느낌이 든다. 오페라 〈피가로의 결혼〉이나 〈세비야의 이발사〉 등 스페인을 무대로 한 작품이 인기를 끈 것도 비슷한 이유일 것이다.

K컬처와 여성 파워

카르멘을 떠올린 건 K팝의 여성 전사와 K컬처의 여성 서사가 생각나기 때문이다. K팝 걸그룹은 대부분 강렬한 여성의 이미지를 발산한다. 특히 '(여자)아이들'은 2022년 〈누드〉라는 곡에서 카르멘의 〈하바네라〉를 샘플링한 곡을 선보였다. 여성을 상품화하고 물신화하는 세태를 풍자한 도발적인 곡이다. '(여자)아이들'이란 그룹명 자체가 '아이(I)'에 복수(-들)를 붙인 것이라고 한다. 자신들의 개성을 강하게 드러내고 싶은 의지를 담았다. 2022년 SBS 가요대전 무대에서 르세라핌도 〈하바네라〉에 맞춰 역동적이고 매력적인 춤과 퍼포먼스를 선보였다.

K컬처의 세계적인 성공 요인으로 꼽히는 것 중의 하나가 여성 서사다. K컬처의 역사에서 강인한 여성이 서사를 주도하는 경우를 자주 본다. 사회·경제적으로 독립적 주체적인 여성들이 주인공으로, 그들의 활약상이나 성공담이 주를 이룬다. K컬처 팬덤의 다수를 차지하는 세계 여성들의 열렬한 호응과 지지도 따랐다. 〈대장금〉(2003), 〈내 이름은 김삼순〉(2005)부터 최근 〈이상한 변호사 우영우〉(2022), 〈더 글로리〉(2022)까지 그 리스트는 헤아릴 수 없이 많다.

이국성과 다양성, 혼종의 문화

　문화관광 측면에서 스페인의 가장 큰 강점과 매력은 문화적·종교적 이질성과 다양성이다. 유럽의 여느 나라에서도 볼 수 없는 이국적인 이슬람 문명을 만날 수 있기 때문이다. 780여 년에 걸친 이슬람 세력의 통치는 특히 스페인 남부 지역을 신비롭고 특별한 경험을 할 수 있는 곳으로 자리매김했다. 피카소의 고향은 알람브라 궁전이 있는 그라나다에서 멀지 않은 항구도시 말라가다. 피카소 작품세계의 매력과 다양성은 스페인의 민족적 기질과 이슬람 문화의 이질성, 남부의 색다른 지역 정서와도 연관이 있다.

　스페인의 문화에는 역사적 요인, 민족적인 기질, 종교적 이질성과 독특함이 반영돼 있다. 흥과 활력이 넘치는 스페인 문화는 한국인이나 K컬처와도 일맥상통한다. K컬처가 지속할 수 있고 세계인의 사랑과 주목을 받기 위해 참고해야 할 대목이다. K컬처 또한 한국의 압축적인 성장의 역사, 역동적인 힘이 넘치는 민족성, 서구 주류문화와는 다른 독특하고 강렬한 매력을 담고 있다. 세계 여러 나라의 다채로운 문화 현상은 문화의 힘과 다양성을 일깨운다. 문화가 행복을 주는 이유다.

4.

네덜란드, 술 마시고
증명사진 찍는 사람

퇴직하자 증명사진 찍을 일이 거의 없다. 코로나 시국을 3년여 거치면서 여권 기한이 만료되는 줄 몰랐다. 해외 나갈 일이 생기면서 아내와 서둘러 동네 사진관에서 여권 사진을 찍었다. 2023년 가을의 일이다. 이번에 여권 사진을 찍으면 오래 쓸 것 같아 얼굴에서 머리와 옷매무새까지 신경이 쓰인다. 사진을 찍고 나니 사진사가 컴퓨터를 이용해 '작품'을 만들어준다. 순식간에 10여 년 전 청춘 시절로 돌아간 듯한 사진, 절로 입꼬리가 올라간다.

미술의 역사를 공부하며

2024년 3월부터 도서관에서 '서양 미술사'를 배우고 있다. 처음 시작한 미술사 공부, 상반기와 하반기 총 35주 강의라 상당히 깊이 있는 내용에 갈수록 흥미가 더해진다. 어릴 적부터 미술에 관심이 있었는데, 본격적으로 마주할 기회는 없었다. 지난해 '어반 스케치'로 그림을 접한 이후 이제부터 하나씩 해볼 생각이다.

미술사를 돌아보면서 내가 가장 관심을 가진 시기는 1600년대 네덜란드. 당시 3대 화가로 불리는 렘브란트, 페르메이르(베르메르), 프란츠 할스 등이 활약했다. 수많은 화가와 그림 중에서도 오랫동안 나의 뇌리를 사로잡은 건 프란츠 할스의 〈유쾌한 술꾼〉이다. 할스(1580~1666)는 네덜란드의 위대한 초상화가이자 풍속 화가로 꼽힌다.

〈유쾌한 술꾼(The Merry Drinker)〉, 1650.
불콰한 얼굴로 뭔가 말하려는 듯한 표정에 친근감이 든다

활기찬 나라, 유쾌한 사람들

챙 넓은 모자를 쓰고 불콰한 얼굴로 술잔을 들고 있는 사람. 나를 향해 한 손을 들어 알은체하면서 "한잔하실까요?"라며 권하는 듯한 그림이다. 수백 년 전 그림 속의 인물이 자기 민낯을 내보이며 친근하게 말을 건다. 가슴 한편이 따뜻해지면서 기분이 좋아진다. 시공간을 넘어 사람과 사람, 시대와 시대가 연결되는 순간이다. 예술의 힘이 아닐까.

서양미술의 주인공은 오랫동안 신이었고, 신이 권위를 부여한 왕과 국가로 이어졌다. 르네상스를 거치면서 마침내 인간과 개인이 서서히 무대 위에 오른다. 스페인에서 독립한 17세기 네덜란드는 상업의 발달과 종교 개혁을 거치며 역사상 최고의 전성기를 맞는다. 고전과 기독교를 신봉한 이탈리아의 화풍이 진지하다면 북유럽의 전통은 지극히 현실적이다. 국운이 상승한 네덜란드의 국가적 자부심은 그들의 삶에 대한 발견, 인간적 시선과 자신감으로 표출된다. 렘브란트의 〈야경〉, 페르메이르의 〈우유를 따르는 여인〉 등 많은 작품이 우리 주변의 일상과 평범한 사람들의 모습을 그렸다.

할스의 〈유쾌한 술꾼〉은 이런 흐름의 끝판왕을 보여주는 게 아닌가 싶다. 당시 '회화'란 매체는 '최고의 멋진 순간'을 보여주는 것. 1839년 사진이 나오기 전에 주로 기록과 보존, 기념을 위한 목적으로 그려졌기 때문이다. 한잔 거나하게 걸친 후 증명사진을 찍는 사람, 상상이 잘 안 된다. 그만큼 남의 시선을 개의치 않고 자기 모습을 있는 그대로 드러냈다는 의미다. 자존감이 높지 않다면 가능했을까.

아쉽게도 그림에 등장하는 인물이나 할스에 대해서 알려진 내용이 많지 않다고 한다. 사람과 어울리길 좋아하는 흥겨운 성격에 애주가였던 할스. 화가 자신이 활력이 넘치는 당시 네덜란드의 사회 분위기와 잘 어울리는 사람이 아니었을까 싶다. 〈소년 어부〉 또한 사람에 대한 따뜻한 관심과 애정이 느껴진다. 우리 주변의 가족이나 가까운 이웃 동네의 소년 같은 느낌이 물씬 풍긴다. 그림을 보는 순간, 문득 "오늘도 고생 많았다"고 말을 건네고 싶어진다.

〈소년 어부(The Fisher Boy)〉, 1630~1632.
"오늘 고생했다"고 말을 건네고 싶어지는 그림이다

놀이가 된 사진과 그림

지금 사진은 기록과 기념만이 아니라 '놀이와 보여주기'가 중요
해졌다. 인스타 감성과 '인생 네 컷' 사진 찍기가 유행하는 시대다.
진지하고 근엄한 표정이 아니라 멋지고 유쾌한 사람들, 인생 네
컷의 사진은 재미와 유머, 개성과 장난기가 넘친다.

매달 만나는 세 친구가 있다. 산행이나 근교 산책 후 식사하며
가볍게 한잔하는 게 우리의 관행이 됐다. 평소에 술을 마시지 않

는 나도 이 친구들 만날 때만은 예외적이다. 지난 모임에선 1차 후 우연히 거리의 무인 사진관에 들러 네 컷 사진을 찍었다. 이리저 리 장난스러운 표정을 지으며 즐거운 시간을 보냈다. 60대 자유 인들의 표정이 아직 살아 있다, 고 사진을 본 아내가 말한다. 아직 살아 있다니 다행이다.

17세기 네덜란드 사람들, 특히 프란츠 할스는 시대를 얼마나 앞 서간 걸까. 발랄한 놀이 감각이 담긴 한 장의 유쾌한 그림, 우리보 다 훨씬 앞서서 인생 사진을 찍은 그들이 놀랍고 존경스럽다. 일 상의 인물과 풍경을 인간적인 시선으로 묘사한 프란츠 할스의 화 풍은 인상파 화가인 마네와 고흐에게 영향을 끼쳤다고 전해진다.

국력과 자존감은 함께 간다

국운이 상승하면 국가적 자부심과 자존감이 높아진다. 네덜란 드의 전성기는 문화예술에서 미술사의 한 페이지를 화려하게 장 식해 '황금시대(Golden Age)'라 불린다. 인생의 가장 멋진 순간, 역사상 가장 빛나는 시대는 그렇게 네덜란드에 찾아왔다.

K컬처 또한 대한민국의 국운 상승과 함께한다. 압축적인 산업화와 고난의 민주화를 거쳐 한국은 기적적으로 선진국 대열에 들어섰다. 한국인의 놀라운 역량과 성취는 여느 시대와 비교할 수 없을 정도로 빠르고 가파르다. K컬처가 전 세계에서 관심과 주목을 받는 이유다. 이제는 K컬처의 지속 가능한 매력을 구체화해야 하는 시점이다. 오늘은 우리의 민낯을 드러내며 마음껏 웃어보자. 행복한 시간, 자존감이 살아나는 하루가 되지 않을까.

5.

인도, 친구를 사귀는 데
필요한 자세

K콘텐츠 최다 소비 국가는?

놀랍게도 인도다. 문화체육관광부가 발표한 '2024년 해외 한류 실태조사' 결과, 한류 경험자의 월평균 소비량이 11.6시간인데 비해 인도는 18.6시간. 무려 7시간이나 많았다. 태국, 인도네시아, 베트남이 뒤를 이었다. 한국 콘텐츠가 마음에 든다고 답한 호감도에서도 인도는 인도네시아에 이어 2위를 차지했다.

인도에 한류와 K컬처 열풍이 본격적으로 불기 시작한 건 코로나 시국으로 알려진다. 특히 〈오징어 게임〉이 큰 인기를 끌었다고 한다. 요인은 무엇일까. 코로나 같은 특수한 상황에 더해 '정서적 유사성'이 크다는 지적이 많다. 〈이상한 변호사 우영우〉와 〈닥터 차정숙〉처럼 최근 큰 흥행을 거둔 드라마는 개인보다 가족을 중시하는 사고방식, 우정의 가치와 소중함을 보여준다는 점에서 할리우드 스타일보다 친숙하다는 분석이 나온다.

한국어 열풍도 예사롭지 않다. 인도의 서울대라고 하는 네루대는 2020년 제2외국어로 중국어 대신 한국어를 채택했는데, 지원 경쟁이 3300 대 1에 이르렀다는 놀라운 소식이다. K콘텐츠의 인기는 자연스레 K푸드와 K뷰티, 한국이라는 나라에 대한 관심으로 이어진다. 우리 기업의 진출과 상품 판매 등 경제적인 효과는 말할 것도 없다.

마법을 즐기는 놀라운 나라

인도는 최근 빠르게 '떠오르는 나라'다. 이미 세계 1위의 인구 대국, 세계 5위의 경제 규모로 올라섰고, 2027년에는 미국, 중국에 이어 세계 3위의 경제 대국 부상이 예상된다. 특히 매력적인 건 평균 연령이 28세에 불과한 점. 영어를 쓰는 민주국가로 가파른 성장이 계속되고 있어 앞으로 발전 가능성이 무한하다.

인도인들의 최고 인기 장르는 단연 영화, '볼리우드'(봄베이+할리우드)란 이름으로 유명하다. 자국인만 봐도 흥행은 성공이어서 〈스타워즈〉, 〈아바타〉 같은 웬만한 할리우드 히트작도 명함을 내밀지 못한다. 실제 인도는 매년 할리우드의 두 배 정도인 2,000편 가까운 영화를 만든다. 이런 철벽 인도시장을 한국 콘텐츠가 뚫고 주목을 받는 게 놀랍다.

인도 영화의 특징이라면 인간의 모든 꿈과 재미가 담긴 엔터테인먼트의 종합판이라는 것. 3시간 상영은 기본이고 비범한 인물, 권선징악과 해피엔딩, 춤과 노래가 다채롭게 버무려진다. 특히 인도 영화에 춤과 음악은 절대적이다. 공용어가 22개에 이르는 다언어 국가에 40%의 문맹률, 종교적인 다원성이 반영된 결과라는 얘기가 많다. 최근에는 너무 뻔한 스토리 대신 사회문제를 수용하는 등 다양한 변화가 시도되고 있다고 한다.

문화와 종교, 포용과 다양성

인도 영화 중에 가장 기억에 남는 건 〈조다 악바르〉. 16세기 인도를 제패한 무굴제국의 3대 황제 악바르와 아름다운 공주 조다의 운명적인 사랑 이야기를 그린 영화다. 2008년 인도 극장가를 석권한 영화답게 압도적인 비주얼과 스케일로 볼리우드의 위력을 과시한다.

영화의 주제는 인도의 광개토대왕으로 불리는 악바르 대제의 '포용의 정치'. 이슬람 왕이지만 힌두교 공주와 결혼하면서 종교적 포용을 실천하고 통합의 정치를 추구한다. 결혼식 장면은 영화의 백미, 이슬람 신비주의 종파인 수피교도의 축하 공연이 7분여 진행된다. 신과의 합일, 인간과 우주의 교감, 그 극치의 순간을 환상적인 장면에 담아 전한다.

악바르 대제의 손자가 인도 세계문화유산의 상징 '타지마할'을 건축한 황제 '샤 자한'이다. 실제 현장에서 보는 타지마할은 명불허전의 아름다움으로 빛난다. 인생의 버킷리스트가 될 만하다.

친구가 될 수 있었던 순간들

인도는 한국인에게는 호불호가 꽤 엇갈리는 나라다. '깊이를 알 수 없는 신비로운 나라'인가 하면, 아직 후진적인 사회 환경이나 인프라 때문에 거리감도 여전하다. 개인적으로 두 번 방문했는데,

아쉽게도 '비호감' 인연이 남아 있다.

2002년 한국과 인도가 수교 30주년을 맞은 해, 업무상 출장에 나섰다. 그즈음 호텔 음식을 먹고 식중독에 걸려 고생했다는 출장자가 있어 신경이 쓰였다. 저녁 늦게 피곤한 몸으로 숙소에 도착해 불을 끄고 막 잠에 들려는 순간이었다. 누군가 불쑥 방문을 열고 들어오는 것이 아닌가. 깜짝 놀라 프런트에 항의했는데 너무 어이가 없었다. 호텔 관리가 이 정도일 줄이야. 지금에야 그럴 일이 없겠지만 황당한 순간이었다.

영국 연수 때 만난 박사과정의 인도인 2명도 잊을 수 없다. 8명이 공유 주방을 사용하는 기숙사, 식사하러 갈 때마다 그 둘이 주방을 독점하다시피 했다. 다른 학생은 안중에 없는 듯 매번 TV를 보거나 수다를 떨고 있어 내게는 '무례한 인간'으로만 보였다. 첫인상이 좋지 않아선지 마주치면 가벼운 인사만 하고 외면하듯이 지냈다. 결국 그들과 제대로 된 대화를 나누지 못했다.

돌아보면 내게도 문제가 있었다. 평소 낯을 가리고 친화력도 부족한 데다, 30대 늦깎이의 유학생에겐 영어 부담에 학업 스트레스가 많았기 때문이다. 지금 생각하면 아쉽다는 생각이 크다. 자연스럽게 외국인을 사귈 수 있는 좋은 기회였다.

서로 주고받아야 두터워진다

문화는 이리저리 흐르고 서로 주고받으며 발전한다. 최근 인도에서 한류와 K컬처의 높은 인기는 어쩌면 우리도 전혀 예측하지 못한 일이다. 지금은 인도의 일방적인 짝사랑에 가깝다. 그들이 보내는 관심과 호의에 우리는 얼마나 정성으로 답하고 있을까. K컬처의 스타가 방문하고 K팝 공연이 자주 열릴 필요가 있다. 직접적인 대화와 교류가 여러 방면에서 이뤄져야 한다. 포용과 다양성의 나라인 인도, 한국 문화의 확장성과 팬덤의 확산에도 중요한 나라가 아닐 수 없다.

친구를 사귀려면 먼저 손을 내밀고 그들의 얘기를 들어야 한다. 더구나 내게 관심이 있는 이들에게조차 거리를 두는 건 예의가 아니다. 무례한 인간들이라고 지레 결론 내려놓고 문을 닫아버린 과거의 내가 기억난다. 지금 인도는 세계적으로 주목받는 성장 국가이고 우리 또한 인도라는 나라가 여러모로 중요하다. 누군가 내게 미소를 보일 때는 나도 반갑게 맞이해야 한다.

글을 마치며

    글을 마무리하면서 K컬처라는 문화 현상이 우리 삶의 성장 여정과 비슷하다는 걸 다시금 확인하게 된다. 하나의 문화 현상은 작은 물결로 시작해서 거대한 흐름을 만든다. 또한 경계와 국경을 넘으며 서로 다른 문화와 섞이고 융합하면서 새로운 문화로 발전하기도 한다. K컬처는 한국의 욕망이 세계의 욕망과 만나 교류하고 소통한 문화 산물이다. 한국민의 역동적인 창조성이 세계의 주목을 끌어낸 놀랄 만한 성과다.

    살면서 중요한 건 성공이라고 말한다. 흔히 부와 명예, 권력을 꿈꾸는 이유다. 하지만 성공에는 끝이 없다. 내가 목적한 것을 이루는 성공에 도달해도 인생은 계속되기 때문이다. 진정으로 중요한 건 성공이 아니라 '성장'이라는 것을 뜻한다. 사실 성장은 우리가 바라는 소소한 '성공'을 계속해서 이뤄가는 것이다. 작은 성공을 하나씩 쌓아가며 평생을 통틀어 성장의 삶을 산다는 의미다.

백세 인생, 평생 현역으로 삶의 패러다임이 바뀌면서 성장은 더욱 중요해졌다. 우리 삶은 한 번의 성공에 머물지 않고 끊임없이 성장하는 하나의 여정이기 때문이다. K컬처에서도 마찬가지다. 한순간의 성공이 아니라 성장과 발전을 꾸준히 이어가야 지속가능성을 확보할 수 있다. 성공과 성장이 함께 가야 하는 이유다.

책을 내면서 많은 도움을 받았다. 삶의 모든 면에서 아내는 최고의 친구다. 내가 쓰는 글의 첫 번째 독자로 예리한 교열자이면서 열성팬이다. 선물 같은 그녀를 생각하며 늘 활력과 에너지를 얻는다. 항상 다정한 격려와 응원을 보내 주는 소중한 가족과 친구들에게도 고마운 마음을 전하고 싶다.

부족한 책에 추천사로 큰 격려를 보내 주신 강원국 작가님, 존경하는 유진룡 전 장관님, 만날 때마다 배움이 뭔지를 알게 하는 유승호, 이훈 두 분의 교수님께 감사 말씀을 드린다.

글은 쓸수록 겸손해져야 한다는 걸 절감한다. 책을 내면서는 더욱 그렇다. 브런치스토리와 팀장클럽의 독자들은 언제나 든든한

지지자들이다. 내가 쓴 글이 독자에게 친근하게 다가갈 수 있도록 출판 과정에서 유용한 조언을 주신 미다스북스에도 감사드린다.

끝으로 책을 읽어주신 독자분들께 머리 숙여 인사드리며, K컬처 수업을 함께한 학생들에게도 응원을 보낸다.

참고문헌

강민호, 『변하는 것과 변하지 않는 것』, 턴어라운드, 2018.

강원국, 『강원국의 인생공부』, 디플롯, 2024.

고정민, 『문화콘텐츠산업의 이해』, 이다북스, 2021.

김건희 외, 『음식과 세계문화』, 파워북, 2020.

김광식, 『BTS와 철학하기』, 김영사, 2021.

김난도 외, 『트렌드 코리아 2025』, 미래의 창, 2024.

김동현, 「서양미술사 산책」, 서울 남산도서관 평생학습강좌, 2024.

김선주·안현정, 『트렌드 읽는 습관』, 좋은습관연구소, 2020.

김성민, 『K팝의 작은 역사』, 글항아리, 2018.

김성일, 『축제에서 일주일을』, 가쎄, 2017.

김성일, 『여행이거나 관광이거나』, 가쎄, 2022.

김윤지, 『한류 외전』, 어크로스, 2023.

김태현, 『그림의 진심』, 교육과실천, 2023.

노동형, 『K-콘텐츠 기획 가이드』, 청년정신, 2021.

민은기, 『대중음악 강의』, 북커스, 2022.

박권일, 「민희진이 만든 이야기의 마법」, 〈한겨레〉, 2024.5.17.

변남지, 「미식인문학」, 서울 서대문구 인생케어과정, 2023.

박소정, 「확장하고 경합하는 K: 국내 언론 보도를 통해 본 K담론에 대한 분석」, 〈한국언론학보〉, 66권 4호, 2022.

박소정, 「K를 둘러싼 사회문화적 담론 분석」, 〈한류나우〉, 2022.11+12.

송길영, 『시대예보: 핵 개인의 시대』, 교보문고, 2023.

심두보, 『한류가 뭐길래』, 어나더북스, 2024.

양수영 · 이성민, 「한류의 발전과정과 향후 전망」, 〈KOCCA FOCUS〉, 통권138호, 2022.3.23.

여경진, 『관광과 문화』, 한국방송통신대학교출판문화원, 2021.

유승호, 『취향의 경제』, 따비, 2021.

이상원, 「다 같은 한국산인데, 왜 K드라마는 먹히고 한류 드라마는 잠잠하지?」, 〈시사IN〉,
2021.12.15.

이승미 외, 『ALL ABOUT 문화콘텐츠』, 나무자전거, 2021.

임홍택, 『90년생이 온다』, 웨일북, 2018.

정호재, 『다시, K를 보다』, 메디치미디어, 2021.

정철현, 『문화연구와 문화정책』, 서울경제경영, 2005.

조연심, 『퍼스널 브랜딩에도 공식이 있다』, 힘찬북스, 2020.

최샛별 · 김수정, 『예술의 사회학적 읽기』, 동녘, 2022.

최인철, 『프레임』, 21세기북스, 2007.

컬처코드연구소, 『K컬처 트렌드 2023』, 미다스북스, 2023.

니컬러스 크리스태키스 · 제임스 파울러, 『행복은 전염된다』, 이충호 옮김, 김영사, 2010.

미야자키 마사카츠, 『처음 읽는 음식의 세계사』, 한세희 역, 탐나는책, 2023.

윌리엄 번스타인, 『부의 세계사』, 장영재 옮김, 포레스트북스, 2024.

조지 레이코프, 『코끼리를 생각하지 마』, 유나영 번역, 와이즈베리, 2018.

크리스털 앤더슨, 『케이팝은 흑인음악이다』, 심두보 · 민원정 · 정수경 옮김, 눌민, 2022.

피어스 콘란, 『필수는 곤란해』, 김민영 옮김, 마음산책, 2023.

필립 코틀러 외, 『마케팅의 미래』, 방영호 번역, 매일경제신문사, 2023.

T.H.곰브리치, 『서양미술사』, 백승길 · 이종승 역, 예경, 2017.